一生お金に困らない生き方

心屋仁之助

PHP文庫

○本表紙図柄＝ロゼッタ・ストーン（大英博物館蔵）
○本表紙デザイン＋紋章＝上田晃郷

はじめに

●お金に困らない人になる

この本は「お金に困らなくなる方法」について書きました。

お金に対する思いって、なんかヤらしい。がめつい。品がない……。でも、ほしい。でも、あんまりほしがってるって知られたくない。

でも、お金に関心がない人はいないはず。その証拠に僕が毎月開いている心理の勉強会・心屋塾《こころやじゅく》Ｂｅトレでも、人気があるのはお金を取り上げた回なんです。

お金って、やっぱりほしいですよね。いっぱいあったほうがいいですよね。心理カウンセリングをしていても「お金の問題、悩み」ってけっこう多いのです。

「お金さえあれば」と思うことも多い。

僕もお金に苦労したことがあります。お金の大切さが身にしみています。そして、今ではおかげさまでお金に関して困るということがなくなりました。

だからこの本ではあえて、そんな僕がひょんなことから見つけた、「お金に困らなくなる方法」について書いてみました。

心理カウンセラーである僕が、お金について本を書くのは初めてです。

でも勘違《かんちが》いしないでくださいね。お金もうけの本ではありませんから。読んだってすぐにお金持ちになれるわけではありません（本当はなるんですけど、そこが目的ではない、と言ったほうが正しいでしょう）。

でも、もしあなたがお金に困らない人生を送りたいのなら、この本はとても役に立つと思います。

「お金がないから不安」とか、

「お金さえあれば、もっといい人生が送れたのに」とか、

「どうしていつもお金がないんだっ！」とか、

「お金を持ってる奴、許せん！」とか、

「楽してお金をもうけてる奴、うらやましい！　ムカつく！」とか、
そんなふうにひがんだり、すねたり、世間に怒ったり、人をうらやんだりせずに、ちゃんと必要なお金が入ってくる人になれます。

さあ、これから一緒にお金について考えていきましょう。


でもその前にひと言。

本屋さんに行くと「お金持ちになる本」とか、「お金の教科書」とか、「どうしたらお金もうけができるか」といった本がいっぱい並んでいますね。

いっぱい本が並んでいるということは、お金の本が売れているということ。つまり本を読んでいる人がたくさんいるということです。

じゃあ、みなさんお金持ちになれたんでしょうか？

なれた人もいるでしょう。

でもなれなかった人のほうが多いから、次から次へとお金の本が出てくるんだと思います。この本でも、なれない人もきっといます。

お金持ちになる本を読んでも、お金持ちになれない。どうしてか。

それはお金持ちになる「やり方」ばかり学んでいるからです。「やり方」をいくら学んでも、お金持ちにはなれません。

なぜなら「あり方」が間違っているから。

本当は「やり方」ではなく、「あり方」を変えなくてはいけないんです。

お金がないということは、〝真逆の「あり方」だ〟ということですね。

僕がいつも伝えたいことは、「やり方」ではなく、「あり方」です。

「Ｄｏイング」（＝やり方）ではなく、「Ｂｅイング」（＝あり方）。

「やり方」をいくら学んでも、うまくいかないのは「あり方」が悪いから。「あり方」を変えれば「やり方」が変わります。

「あり方」とは、物事の「前提」（＝考え方の基礎）です。

まずは「前提」を変えてみよう。この本もその目的で書いています。


人間には心の「前提」におけるクセがあります。

物事をすぐ悲観的に考えてしまったり、ひがみやすいたちだったり、ついがんばってしまったり、いつも自分を責めてしまったり、やたら楽観的で人をすぐに信じてしまったり……。

でも、僕はクセがあるのが悪いと言っているのではありません。

クセはあっていいんです。みんなクセがあるんですから。

でもそのクセのせいで、人生がつらかったり、生きにくかったり、しんどかったり、お金に困っているなら、生きやすいように、お金が入るように、ちょっとクセを変えてやればいいよ、というそれだけの話です。

右に傾きすぎているなら、少し左に行くように変えていく。左に傾きすぎているのなら、少し右に行くように変えればいい。

それでも変えられないときは、その変えた先の何をいやだと思っているのかを、「見る」だけでいい。

そうやって心の「前提」を直していくのが、この本の目的です。みなさんの「前提」が変わるように書いています。

クセですから、1回、2回、変えたぐらいでは、すぐ元に戻ってしまいます。しかも、〝常識〟の真逆のこともあるので、だから僕は何度でも同じことを言います。

お稽古《けいこ》ごとと一緒ですね。

何度も何度もくり返して、お金に対するかたよった「前提」を変えていく。

その練習、つまり「心のお稽古」をする。そうすれば、お金に対する「あり方」が変わり、「やり方」が変わります。

お金にふり回されたり、お金に支配されたり、お金で不安になったり、お金を怖がったりしない毎日が、きっと送れるようになります。

そして気づいたら、がんばってないのにお金がいっぱい入って、困らない人になっていた。そんな人にあなたもなれるはずです。

２０１５年２月

心屋仁之助

一生お金に困らない生き方●目次

第3章◎なぜお金が入らないのか？

第4章◎お金が入る「あり方」とは何か

第5章◎お金が入るようになる習慣

編集協力　辻由美子
本文イラスト　村山宇希

第1章

お金について
どう思ってる？

「お金は汚い」と思う人にお金は寄ってこない

最初にお話しするのは、「お金」に対するみなさんの心の「前提」です。

あなたは「お金」に対してどんなイメージを持っていますか？

「お金」について、そもそもどんな価値観を持っているのか、今の自分の心の「前提」を知ることから始めましょう。

最初に質問します。


あなたはお金もうけをすることを素晴らしいと思いますか？　品がないとか汚《きたな》らしいと思いますか？

楽をしてもうけるのはいいことですか？　悪いことですか？

楽をして、じゃんじゃんお金をもうけているのはいい人ですか？　悪い人です

か？

「素晴らしい」「いいことだ」と答えた人は、お金に肯定的な価値観を持っています。お金もうけは「品がない」とか、「悪い」と答えた人は、お金に対して否定的なイメージを持っています。

否定的な答えのほうを選択した人も多いでしょう。

たとえば——。

楽してじゃんじゃんお金をもうけるなんてあり得ない。

お金は汗水たらして苦労して手に入れるもの。

たくさんお金が入ってくるのは、裏で悪どいことをしているからに違いない。

私はそんな人になりたくない……。

とか。

なかには、否定的な答えと肯定的な答えが入り交じった人もいるかもしれませんね。そういう人は次の質問をすれば、否定派か肯定派かがはっきりします。

会社の上司が、あまり働かないであなたよりいい給料をもらっていたら、「ステキ！　私もそうなりたい」と思いますか？　それともムカつきますか？

どうでしょう？　ムカつく人が多いと思います。

実は、ムカついた人は、お金に対して否定的な価値観を持っています。「楽してお金をもうけるのは許せない（いけないこと）」と思っているからです。働かなくて、高い給料をもらう会社の上司をどう思うかで、あなたのお金に対する価値観、つまり心の「前提」がわかるんですね。

僕は今、自分の会社の社長でもあるので、働かなくても、高い給料をもらう会社の上司のことがよくわかります。

社長の仕事は遊ぶことなんです。

なんて言い切ってしまうと、誤解を生みそうなので、言い換えますと、社長の仕事は見聞を広げること。

いろいろな遊びやつきあいをして頭をやわらかくして、外で学んだことを会社の経営にフィードバックさせるのが仕事です。

社長が社内にいて、見張っていると、事務をしてくれている人たちは迷惑します。邪魔なんです。だから外に出て、会社のために見聞を広げている。

社員から見ると「遊んでばかり」「何にも働いていないじゃない」「だけど社員よりいい給料をもらっている」「しゃくにさわる」と受け取る人もいるかもしれません。

でも、わかってくれる人はわかってくれます（と信じています）。

会社の上司も同じ。

もしかしたら、あなたの見えないところで、ちゃんと会社のためにあなたの理解を超えた貢献をしているかもしれないのです。

でも、ここで問題にしたいのは、上司が本当に会社のために貢献しているのかどうかではありません。

そんなことはどうだっていい。

お金もうけをしている人、楽してお金が入ってくる人、お金持ちの人に対して、あなたがどんな価値観（＝心の前提）を持っているのか、ということなんです。

楽してお金をもうける人なんて許せない。

お金もうけをするのは品がない。

お金は汚らしい。

お金もうけをしている人はいやだ。

お金もうけなんかより、もっと大切なことが世の中にはあるはずだ。

がんばった人だけがお金をいっぱいもらえる。

あなたがそう思っている限り、お金は寄ってこないでしょう。

つまり、お金をそうやって無意識に否定している人のところにお金は集まりません。集まるのを拒否しているのです。

パクチーが大嫌いな人の家にパクチーはありません。

そういうことです。

お金に対する自分の価値観に気づく

お金の入り口ではなく、出口を考えよう

ちょっと横道にそれますが、日本人のお金に対する価値観がよくわかるデータがあるので、ご紹介しておきます。

藤野英人《ふじのひでと》さんという人が書いた『投資家が「お金」よりも大切にしていること』（星海社新書）という本で知った内容です。

みなさんは日本人が1年間にいったいいくらぐらい寄付をしているかご存じですか？

日本人の成人男子の1年間の平均寄付額は、たったの2500円！

これに対してアメリカ人は平均13万円も寄付をしているそうです。

これは億万長者が莫大《ばくだい》な寄付をして、全体の数字を引き上げているからではあ

りません。そういう一部の大金持ちを除いた一般のアメリカ人が寄付をしている金額の平均です。

アメリカでは、一般の人でも収入の３％くらいは寄付をするのが当たり前だそうです。対する日本はというと、収入のたった０・０８％！

それから、ハーバード大学に卒業生から寄せられる寄付金は年額８００億円。東大に卒業生から寄せられる寄付金はその40分の1くらい、年間20～30億円です。

日本人がいかに、自分のお金を減らしたくない国民かがわかりますよね。

自分は損をしたくない。

お金を手放したくない。

人のために使いたくない。

それが日本人のお金に対する価値観のようです。

アメリカでは成功した人はたいてい慈善活動をしたり、莫大な寄付をしています。

お金持ちといえば、社会貢献をする人の代名詞。だから大金持ちはたいてい尊敬されます。

アメリカではお金持ちやお金に対して、ポジティブなイメージがあるわけです。

一方、日本ではお金持ちもあまり寄付をしないので（知らないだけかもしれません）、お金持ち＝がめつい人・お金をため込んでいる人・裏で汚いことをしているかもしれない人、というネガティブな印象がつきまといます。だから、大きな寄付をしても、〝売名行為〟などと言われてしまうこともある。

このことから何がわかるのかというと、お金の使い方に対する「前提」の違いです。

どうやったらお金を使わないですむのか、損をしないですむのかを考えるのが日本人に多く、どうやってお金を使うのか、お金の出口を考えるのがアメリカ人に多いといえるのかもしれません。

これはお金に対する価値観、つまり「前提」を決める上でも、とても重要なことです。

お金の入り口ではなく出口を考える。

世の中のためになる使い方をするのか、それとも自分の不安のためにひたすらため込むのか。日本人がため込もうとするのは、「お金は簡単には入ってこない」という前提があるからなのです。

だから、お金の出口を考える、その考え方がひとつ変わるだけでも、お金の流れが変わってきます。「あり方」が変わると、「やり方」が変わる。

この本のテーマを思い出してみましょう。

お金の出口、使い方の話はあとでもう少し詳《くわ》しくふれます。

ここでは、私たちがお金を否定的に見がちだということと、あなたのお金に対する価値観はネガティブなのかもしれないということを知っておいてくださいね。

お金の使い方に対する
価値観（＝あり方）が変わると、
お金の流れ（＝やり方）が変わる

「いいお金」「悪いお金」と色をつけない

こんなふうに、日本人はお金に対して否定的なイメージを持つ傾向があります。

お金は簡単には手に入らない、お金は汚いもの、お金のことをあれこれ言うのははしたない、お金もうけは下品だ、お金持ちは悪い人だという先入観があります。

それではもうひとつ質問します。

あなたは「汚いお金持ち」と「清い貧乏」のどちらがいいですか?

「汚いお金持ち」はがめつくて、ケチで、自分のことしか考えていなくて、威張《いば》っていて、傍若無人《ぼうじゃくぶじん》で、裏では汚いことをしているかもしれない人です。でも、とてもたくさんお金を持っています。

「清い貧乏」とは清く正しい人のことです。いつも人のことを思いやり、贅沢《ぜいたく》もせず、正義にもとづいた行動をして、誘惑に負けず、誇りを持って生きています。でも、とても貧乏です。

あなたなら、どちらの人になりたいですか？　もしパートナーにするなら、どちらの人を選びますか？

う～ん、難しいですね。もちろん、「清いお金持ち」が一番いいですよね。

それではもうひとつ聞きます。

もし汚いことでお金をもうけている人が、何億円も寄付していたら、その人はいい人でしょうか？　悪い人でしょうか？

お金は汚いことをして得たお金だけれど、恵まれない人への寄付に使っているのだから、いい人でしょうか？

でも悪どいことをしてもうけているので、やっぱり悪い人でしょうか？

いい人？　悪い人？

こんがらがってきますよね。

それでは「清い貧乏」はいい人ですか？　たぶんいい人だと思います。

だけどお金はありませんよ。

お金がないので、寄付をしたり、社会貢献ができません。

飢《う》えた人に優しい言葉をかけることはできますが、実際にお金を出して、その人を飢餓《きが》から救うことはできません。

「汚いお金持ち」はお金があるので、その気になれば、莫大な寄付ができます。たくさんの人を飢餓から救うことができます。具体的な力になる社会貢献ができるのです。

どっちがよくて、どっちが悪いのか。

あ～っ、やっぱりわからない。頭が混乱してきますね。

それはお金に「いいお金」「悪いお金」と色をつけるからです。だから話がややこしくなるのです。

もっと言えば、「いいお金」はほしいけれど、「悪いお金」はほしくない、と矛《む》盾《じゅん》したことを思っている。

だから、あなたにお金が入ってこないんですよ。

目の前にある1万円札に「いい1万円札」も「悪い1万円札」もありません。

1万円札はみな同じ1万円札。

「いい1万円札」「悪い1万円札」と色をつけているのはあなたです。あなたが勝手にお金に色をつけているから、話がややこしくなるんです。

だからもういい加減、「いい」「悪い」で判断するのはやめましょう。入ってくるお金に理由をつけなくていいんです。

「いいお金」だろうが「悪いお金」だろうが、どんどん入ってくればいい。そしてきれいに使えばいい。

どかーんと入ってきて、どかーんと(きれいに)使う。早くこの「流れ」をつくることです。

お金をどんどん世の中に回していく。この流れをつくってしまうと、お金はじゃんじゃん入ってきます。

ちょっと信じられないですよね。

でも、本当です。

川の水はじゃんじゃん流れて、上流からいつも新しい水が流れ続けています。

でも、みんなが自分だけの分がほしくて水をせき止めて、自分のため池をつくると、そこから奪い合いが始まります。

そしてため池にためた水はやがて腐《くさ》ってきて、そのうち地面にしみ込んでなくなってしまいます。

お金はじゃんじゃん出す！　使う！　回していく。

川の流れを止めてはいけません。

そうすれば、入ってきます。

使えば使うだけ、必要な分が入ってくる。そういうしくみになっています。

でも、ここがなかなかわかってもらえないんですね。僕もずっと知りませんでした。教えられたことと違うからです。

使っちゃったら、入ってこないんじゃないか。

お金がなくなってしまうんじゃないか。

貧乏になってしまうんじゃないか。

みんなそう思います。

だからとりあえず、今は「使ったら、入ってくる」。

そういうことにしておいてください。

お金を使うときには、「使ったら、入ってくる」と信じることが大切です。

僕が言っていることを信じられないのはよくわかります。でも、これが「お金に困っていない人の考え方」なのです。

だから今はまず、そういうことにしておいて、話を先に進めましょう。

お金に対して否定的なイメージを持つのをやめる

第1章のまとめ

- お金は汚い、お金の話をするのは下品、お金もうけをしている人は悪いことをしている……など、お金に否定的な価値観を持っていると、お金は寄ってこない。
- 多くの日本人は、お金を使わないこと、自分の不安を解消するためにため込むことに意識が集中している。
- お金の「入り口」ばかり気にするのではなく、世の中のためになる使い方をするなど、お金の「出口」について考えてみよう。
- 「いいお金」「悪いお金」と、お金に色をつけない。
- お金をどんどん回していく「流れ」をつくると、お金はじゃんじゃん入ってくる。
- お金は使えば使うだけ、必要な分が入ってくる。
- 「お金に困らない人」の考え方を採用してみる。

第2章

そもそも「お金」ってなんだ？

お金を使って、あなたが手に入れたいものはなんだろう？

みなさん、お金がほしいですよね？
僕もほしいです。
でもそのお金を何に使うんでしょう？
何に使いたくて、そのお金が必要なんでしょうか？
みなさんはほしいものがあるから、お金がほしいと言っているんですよね？
そのお金を使って、いったい何を得ようとしているんですか？

海外旅行？
ブランドもののバッグや洋服？
高いフレンチを毎日食べる？

かっこいい車？

エステ三昧《ざんまい》？

上級焼肉食べ放題？


わかりました。

それでは、あなたは買ったものを通じて、何を得ようとしていますか？

ブランドもののバッグやエステ三昧をして、いったい何がほしかったんでしょうか？


お金を持っていると、好きなものが買えます。豪華な食事ができます。みんなからちやほやされます。いろんな場所にも行けます。

店員さんから大事にしてもらえます。心が満たされます。

だから？

あなたは安心できます。

あなたが本当にほしかったのは、お金そのものではなく、お金がたくさんあるときの安心感。

「お金がある」というのは、「選べる自由」が手に入ること。ガマンしなくていい、好きにしていい、したいことができるという喜びです。

ほしいものを手に入れられなかった、ガマンさせられた、あの悲しみやみじめな気持ち、悔《くや》しさをもう味わわなくていい。

なんて自由で、なんて豊かなのでしょう。自分のやりたいことを制限されないって、とても嬉《うれ》しいですよね。

もしあなたがふだんの生活で安心できていて、「自分が自由」であれば、お金のことなんて、そんなに考える必要はありませんでした。

のどから手が出るほどお金がほしいとか、

お金がないと不安でたまらないとか、

四六時中《しろくじちゅう》、お金のことが頭を離れないとか、お金のことでしょっちゅう頭にきたり、人といがみあったり、けんかしたり……。

そんなふうにお金に支配されることはありませんでした。お金がなくても、怖いとも、不安だとも、バカにされたとも思わない。だって自分は自由なのだから。そして〝自由ではない〟のは、「自分には、お金がない」という思いが先にあるからです。

でも、「ある」と、「入ってくる」と知っていれば、自由になれます。そして実はそれは、自分で決めることができるのです。

そうやって、自分で自分の「ある」を認めて、安心できると、お金に執着《しゅうちゃく》しなくなります。すると、不思議なことにお金に全然困らなくなる。お金がどんどん入ってくるようになるんです。すると、〝ほしい〟という気持ちも減ってくるのです。

逆なんですね。

ほしがるから、入ってこない。

ほしがらないと、入ってくる。

さっきの、「お金は使うから、入ってくる」「出すから、入る」と同じです。逆なんですよ。すべてが。

まだよく理解できないと思いますが、そういうしくみなんだと知ってください。もし「知らない」のだとしたら、今、「へー、そうなんだ」と「知って」ください。

ほしいのは
お金そのものではなく、
「お金がある」という安心感

収入は自分で認める自分の価値に比例する

自分には「ある」、という安心感は、言葉を変えれば「自信」とも言えます。

安心の度合が高ければ高いほど、自信の度合も高くなる。

自信の度合が高くなれば、不安は少なくなるので、お金がなくても怖くなくなってきます。

お金なんてなくても、自分には「ある」んだから、みんなに認めてもらえる、優しくしてもらえる、安心していられる。

それが、「自信」です。

「いや、〝ない〟です」とみんな言いますが、知らないだけなのです。気づいて変化した人はみんな、「ない、と思ってたけど、あった」と言います。

そう、お金も豊かさも愛情も自由も魅力も能力も。今、「知らない」だけなのです。

今、「見えてない」だけなのです。そう、空気と同じで「見えてないけどある」のがお金（豊かさ）なのです。

そして、「ある」、お金なんてなくてもどうにでもなる、なくても平気だ、とも思える。そう思っていると、お金に執着しなくなるので、お金が必要なだけちゃんと入ってきます。空気も、いつでも吸えると知っているから、息を止めなくても大丈夫なように。

実は何も心配ないんだ。実は自由なんだと気がつけば、豊かさがちゃんとやってきます。つまり「吸ってもいい」「吐いてもいい」状態なのです。

自信の度合は、豊かさの度合。つまり収入の度合（入ってくることを知っている度合）だったんですね。

反対に、自分に自信がない人はお金がないと大変なことになる、つまり「がんばらないと入ってこない」と思っているので、いつも不安です。

不安だから、お金をほしがる。

不安だから、お金にしがみつこうとする。

不安だから、お金が入ってもため込もうとする。

ためてもためても、不安になる。

お金がいくらあっても、足りません(ため込むとなくなりますよ、お金も愛も)。

つまり自信の度合と収入はイコールです。自信は安心の度合です。安心とは心の「ひらき」具合です。だから、整理するとこうなります。

収入＝自信の度合＝安心（心のひらき）の度合＝自分が認める自分の「ある」(＝価値)。

収入は自分で決めていたのです。

自分に自信がないと、
不安だから
お金をほしがる

給料以上の豊かさに気づかなければ、キャッシュは増えない

「いやいや、そんなことありませんよ。収入は自分じゃなくて、会社が決めるんです。だって、人事部が査定しているんですから」

「うちはバイト先の店長が時給を決めてますよ」

「派遣先のお給料は契約した時点で決まっています」

「私、主婦なので、そもそも最初から収入なんてありません」……。


いろんな声が聞こえてきました。

ちょっと待ってください。

お金＝お給料でしょうか？　お金って、給料やバイト代のことだけをいうんでしたっけ？

お金＝給料＝現金、と限定してしまうと、現金をいくら集めても、満たされることはありません。

だって、〝もの〟だけで心は豊かになりませんから。

思い出してください。

あなたがほしいのは、心の安心感や豊かさでしたよね？

それがお金によって得られるかもしれないから、お金がほしかったんですよね？

だから、ここでいうお金は狭い意味でのキャッシュに限定するものではありません。お金に付随《ふずい》する豊かさや安心感と考えてください。

お金があるから安心なのではなく、安心しているからお金が入る、とは先ほどお話しした通り。つまり、自分の収入の額は会社が決めているのではなく、自分の安心の度合にぴったりくるように、会社に、自分が額を決め「させ」ているのです。

この本で知ってほしいのは、お金もうけの「やり方」ではなく、お金に対する「大前提」です。

まずはお金に対する向き合い方を変える。そうすれば、現実に入ってくるお金の回り方が変わってきます。

早い話、キャッシュも入ってくるんですよ。大きな声では言えませんが。

心屋の言う通り、試しにちょっとやってみたら、突然、出世して会社の給料が上がったとか、一時金が出たとか、親の遺産が転がり込んできたとか……。「信じられない」ところから、収入という豊かさが入ってくるのです。

僕の周りにはそんな話が山ほどあります。

もういっぱいありすぎて、心屋塾では「ああ、またか」と誰も驚きません。

この本はお金もうけをするのが目的ではありませんが、「前提」を変えると、お金がどんどん入ってくる。

そういうしくみになっているんです。

お金は、自分の心の「ひらき度」と「安心度」の、ただの「バロメーター」なのです。

だから「キャッシュがほし～い！」という人や、「お金＝給料＝現金」と考えている人も、もう少し僕の話を聞いていてください。あなたの「常識」の外側を見に行きましょう。

自分の心の「前提」を変えると、お金がどんどん入ってくる

何もない自分がもらってもいいお金が「存在給」

話を元に戻します。

収入は自分が認める自分の価値に比例します。「自分で認める自分の価値」が高ければ、それだけ高い収入が得られます（バロメーターとして）。つまり豊かさや安心感や、そして結果的には現金も、より多くなっていくわけです。

では、あなたが認める自分の価値はどれくらいでしょう？

次の質問に答えてみてください。

あなたがまったく働けず、社会の役にも立たず、なんの成果も出していなく

て、人に迷惑をかけている、寝ているだけの状態になったとき、あなたが月々もらえるお金はいくらですか？

つまり、赤ちゃんや寝たきりの病人の状態ですね。

この自分にどれだけの価値があるのか、ではなく、「あると思っているのか」が、自分が認める「自分の価値」。

そしてその価値を具体的に表すバロメーターが「存在給」というわけです。つまり何もできていない、誰の役にも立たない、何もない自分の価値が「存在価値」です。

そして、役に立たない、ごくつぶし、迷惑ばかりかけているこの自分がもらっていい収入が「存在給」です。

さあ、あなたは自分にいくらの値段をつけましたか？

月額20万円？　5万円？　100万円？

心屋塾で質問したら、ゼロ円という人もけっこういました。

それがあなたが思っている自分の価値です。

ゼロ円の人は、役に立っていない自分の価値はゼロ円。

20万円の人は、役に立っていない自分の価値は20万円。

それくらいの価値しか自分にはないと思っている、あなたが思う自分の基本給です。

「存在給（基本給）」が低い人は、自分の価値が低いと思っているので（つまり、自分に自信がないので）、もっとがんばって価値（歩合給《ぶあいきゅう》）を上げようとします。

なんとか役に立とうとする、人に好かれようとする、喜ばれようとする、成果を上げようとする、人に尽くす……。

そうしないと申しわけなくて、お金を受け取れません。「こんな役立たずの私がお金をもらうなんて、とんでもない……」。がんばった分ぐらいは受け取っていい。

だからがんばれなかったら、お金が入らない。

逆にお金を先にもらってしまったら、なんとか「見合う価値」を提供しようとやっきになる。

だから、がんばる。

もっと、がんばる。

でも、価値を自分で認められないからお金を受け取れない。

だから、お金が入らない。

だから、がんばる。

もっと、がんばる。でも、価値を認められないから……（リフレイン）。

ず〜っと貧乏のループが続きます。

がんばった分だけもらえるのが「歩合給」

がんばってもらえるお金は「歩合給」（がんばり給）です。

「存在給」が低い人は、「歩合給」で稼《かせ》がなければなりません。

「存在給」がゼロの人は、フルコミッション（完全歩合制）、つまり全額、歩合給で働かないといけないのです。

必要なお金を、安心できる額をすべて歩合給でまかなおうと思ったら、死ぬほど働かないといけません。それでは、心も体も壊れてしまいますよ。

かつての僕みたいに。で、死ぬほどがんばっても、自己評価がそもそも低いので、自分が満足できるほどは評価されず、もらえない。

そんなに自分をおとしめる必要はありません。

いったい、いつからそんなに自分をおとしめてきたのでしょう……。

誰に言われて、自分に価値がないと思うようになったのでしょう。

誰かが、あなたのことを「価値ゼロ」と言ったとしても、それはその人が思ったこと。その人が勝手にそう思っただけです。

もう、あなたがあなたのことを「価値ゼロ」と思うことはありません。

自分の「存在給」を上げましょう。せめて自分ぐらいは自分に高い「存在給」をつけてあげたっていいんです。

自分が働かなくても、

価値を提供しなくても、

何もしない自分でも、

いっぱいもらっていいんだ、という考え方に変えてほしいんです。

寝ているだけでも、私は月に50万円もらっていい。私は100万円ぐらいはもらっていい、と「許可」するのです。

すると、お金の流れが変わってきます。

本当にバサッという感じで変わります。

僕の場合、昔は自分の価値を月10万円くらいに勘定《かんじょう》していました。だからがんばって、いっぱいお金を集めていました。

でもがんばって、がんばって、がんばっても、ある一定のラインよりお金が増えない。

これはもう不思議でした。

そして死ぬほどがんばって、もうこれ以上がんばれない……「もうあかんわ」となったとき、ふと、このしくみに気づいて、がんばるのをやめて、「自分には価値があることにしよう」と決めたんです。

決めた時点では、まだ自分に「がんばらない自分でも価値がある」とは思えていま

せんでした。でも、「そういうことに」した。

そしたら、お金が入るようになりました。


逆だったんです。

がんばってお金を増やそう、増やそう、減らさないようにしようとしているから減っていく。

がんばって「歩合給」を上げるのではなくて、がんばらなくて「存在給」を上げる。

いいえ、がんばらないと、逆に「存在給」は上がるのです。

要するに、
がんばらなくてもいいよ、
そんなに稼がなくてもいいよ、
そんなに成果を出さなくていいよ、

売上に貢献しなくていいよ、
役に立たなくていいよ、
人を喜ばせなくていいよ、
だって、あなたはがんばらなくても、十分愛され、認められているのだから。
要は、「そんなに怖がらなくても大丈夫だよ」ということです。

そういうふうに自分が「なろう」ではなく、「もうなっている」と気づくこと。
実はもう安心だし、
すでに恵まれているし、
愛されているし、
豊かだし、
認められている。
「いつかそうなる」ではなく、もうすでにこの瞬間も、昨日も、実は昔も、数十年先の未来も、ずっとそこだけは変わらない、と気がつくこと。

そうやって自分の価値を認めてあげて、自分の「存在給」を上げてやる。いや、本当は高いのだと「知る」。

それだけでお金の流れは大きく変わってくるんです。

すぐにできなくてもかまいません。今はまだ、なんとなく「そうなのかぁ～」と思っているだけでいいんです。

「ほんとかなぁ？」「本当かなぁ？」と首をかしげて、首が折れるくらいかしげていても、くり返し、自分はもう認められている、価値があると言い聞かせていると、ある日、予想もしなかったところから、突然バサッとお金がやってきます。

僕もある日、突然〝バサッ〟がきました。だからみなさんも楽しみにしていてください。〝バサッ〟がくるのを。リモコンが動くしくみを知らなくても、ちゃんとチャンネルは変わるのです。

「存在給」を上げて、お金に対する「あり方」を変える。

それだけであなたをとりまく豊かさの流れが変わります。

「歩合給」を上げるために
がんばらない

お金は労働の「対価」ではない

結局、お金が労働や、人を喜ばせたり、役に立ったことの対価だと思っている限り、働いて、働いて、働いて、お金を増やそうとします。

労働の対価＝歩合給です。お金＝労働の対価＝歩合給だとすると、心と体を壊してまで働いて、お金を得ようとします。だって、そうしないとお金は入ってこないと思い込んでいるのだから。

でも、お金が労働の対価や、自分が与えた価値に対する見返りではなく、何もしない、何も与えない、何も交換しない自分が、そんな自分のことをどれだけ肯定して、自分の価値を受け取っているのかという、そのバロメーターだと思えば、お金に対する「前提」がガラリと変わります。

すると、お金の流れが変わるのです。

がんばって、いい仕事をして、人を喜ばせようとする前に、自分は何もしなくても、自分がほしいだけのお金、というより「豊かさ」を受け取る価値があるのだと思って（知って）ください。

そう思えたとき、初めてお金は手元に流れ込んできます。

それがわかると、いくら使っても、いくら与えても、怖くありません。使えば使うほど、より豊かな気持ちになれます。

だって、どうせ自分には価値があるんだから。

どうせ自分は愛されているんだから。

どうせ自分は認められているんだから。

すると、お金はより気持ちよく回り始めます。

自分で自分の価値を信じられたとき、自分は何もしなくても与えてもらえる人間なんだ、すでに与えている人間なんだと信じられたとき、あなたは豊かさに包まれていきます。

「歩合給」ではなく「存在給」を上げれば上げるほど、あなたは豊かになります。

「そんなの信じられない！」というのは、「自分にはそれだけの価値がない」と、いうことを信じているから。

どうしてそんなことを信じてしまったんでしょう？

いつからそんなことを信じるようになったんですか？

誰が言った、どんな言葉で、それを信じるようになったんでしょう？

たとえば、「いい子にしてないと、お年玉をもらえないよ」という言葉だけでも、お金は「対価」だと思うものです。

今日、たった今から、この瞬間から「自分は何もしなくても、豊かさを受け取る価値があるんだ」と信じてみましょう。何もしなくてもお年玉をもらえたように。

信じられなくても、信じて「みる」。「豊かさを受け取ってもいい」と言ってみる。何度でも、何度でも。

これは、「心のお稽古」です。

すべては、そこから始まります。

お金持ちほど「存在給」が高い理由

何度でも言います。お金は労働の「対価」ではありません。

お客さんを喜ばせた数でもないし、商品の価値やサービスの質でもありません。

がんばったごほうびでも、高いサービスを提供した見返りでもありません。

でも、「お金は労働の対価だ」と言われてきたと思います。そう思っている人が言うからです。たまたま、それでがんばってお金がいっぱいもらえた人が言っているのです。

でも、がんばっていいものを提供しているのに、お金が入らない人もいっぱいいるのです。おかしいですよね？　それは、お金は、その人が「何も役に立っていなくてももらえる価値があると、その人が思っている」価値に比例しているからなのです。

自分で何もない自分にどれだけの価値をつけるか、その価値に豊かさは比例するのです。

それを知っている人は、働いていないのに、いっぱい豊かさを受け取っているのです。

でも、これがなかなかわかってもらえません。

お金は自分が働いた報酬《ほうしゅう》でしょう？

働かないと、お金は入ってきませんよ。

うーん、その思い込みをひっくり返してほしいんですけどね。

そうしないと、お金はいつまでたっても入ってこないんです。今のままです。

では、こう考えましょう。

お金持ちのご主人がいる奥様は、お金をたくさん持っています。

じゃあ、その奥様は人一倍働いていますか?

持っているお金にふさわしい分だけ、朝早くから夜遅くまで、死ぬほどがんばって働いているんでしょうか?


もしお金が労働の「対価」や、顧客満足や、がんばったごほうびだとすると、お金持ちの奥様は、貧乏にならなければなりません。

だって社会に出て働いているわけではないんですから。不特定多数の人を喜ばせたり、サービスを提供しているわけでもないんです(家族のための家事さえもお手伝いさんにまかせているのかもしれません)。

でも奥様はお金持ちです。

なぜなら、ご主人からもらうお金を当然のこととして受け取っているからです。

「すみませんねぇ。いいんですか？　こんなにお金をいただいちゃって」なんてことは、口が裂けても言いません。

自分はこれだけもらっても当然だと思っています。奥様は「存在給」が高い。

だからお金持ちなんです。

僕の奥さんも僕の会社から、役員報酬をたくさん受け取っています。

でも、僕は一度も奥さんから「すみませんねぇ」と言われたことはありません。

一度、奥さんに聞いてみたことがあります。

「君って、僕の会社からたくさんお給料をもらっているよね？　それって多すぎると、思ったことはないの？」

奥さんは言いました。

「なんで？」

僕の奥さんも、もらって当然だと思っています。

「存在給」が高いんです。だから「存在給」にふさわしいお金が入ってきます。

実は会社としても、「受け取って」もらえるほうがありがたいのです。役員報酬を受け取ってもらうことも、彼女の仕事のひとつでもあったりするのです。

僕のうちの猫も、毎日、キャットフードをもらって当然と思っています。毎日、寝て暮らしているだけなのに、「すいませんねぇ。今日も餌《えさ》も寝床も用意していただいて」などとは思っていません。

もらえるのが当然だと思っている。だから豊かなんです。

そういうことです。

お金に困らない人になるには、自分の価値を自分で認めることで、「存在給」を上げればいい。

簡単ですよね。

今日から始められますよね？　この本を読んだら始めてください。今すぐに。

「どうせ自分には価値がある。何もしないでも価値がある。がんばって歩合給を上げなくてもいいんだ」と思ってください。

これだけで存在給は上がっていきます。

すぐには思えなくても、大丈夫です。何度でも自分に言い聞かせる。

これは心のかたよりを直すお稽古です。何度でも。何度でも。

「どうせ、私には価値がある。豊かさを受け取って当然だ。がんばらなくてもいいんだ」

そう言い聞かせてあげるだけ。それだけで豊かさがやってきます。

あとは「収入」というバロメーターを見ていればいいのです。

まだ「収入」が増えなかったら、まだ自分が自分の「存在」を低く見ているということがわかる「だけ」のことなのです。

「自分には価値がある」と、
何度でも
自分に言い聞かせる

第2章のまとめ

- お金があるというのは「選べる自由」が手に入ること。ガマンしなくていい、好きにしていい、したいことができるという喜びと安心感を得られる。
- 今、お金がなくても、「ある」「入ってくる」と認められれば、どんどん入ってくるようになる。
- 収入は、自分で認める自分の価値に比例する。
- お金も豊かさも愛情も魅力も、「ない」のではなく、誰にでも「ある」。そのことを認めることが大切。
- 自己評価が低いとお金を受け取れない。自分で自分の価値を認めると、お金を受け取れる。
- お金は労働の対価ではない。がんばったごほうびや、何かを提供した見返りに受け取るものではない。
- 役に立たない、迷惑ばかりかけている、そんな自分の価値を表すバロメーターが「存在給」。
- お金持ちほど、「存在給」が高い。自分は、豊かになって当然だと思っている。

第3章

なぜお金が入らないのか？

それはあなたが受け取っていないから

お金がほしい〜。

金さえあれば、何もいらん。

たまらんくらい好き。

お金に埋もれて死んでしまいたい。

こんなにお金が好きなのに、誰かが「お金、あげます」と言って大金を持ってきたら、あなたはどうしますか？

もちろん、ありがたくいただきます。と、想像ではみなさん言えるんです。
ところが実際には、
いや、いや、いいです。

あなたからもらう理由なんてありません。

受け取れません。いらないったら、いらないんですっ！

そんなに私にお金をあげたがるなんて、もしかして私の体が目当てですか？

裏できっと何かあるんでしょっ！

そんな怪しいお金、もらえませんっ！

あなたは怖い顔をして拒否してしまいます。

でも、あれ？　お金、大好きでしたよね？　なぜ受け取らないんでしょう？

せっかく目の前にお金がたくさんあるというのに。

お金が大好きなはずなのに、お金が入ってこないのは、あなたが拒否しているからです。

あなた自身が、自分にはお金を受け取る価値がないと思っているからです。

働きもせずに、汗も流さずに、ただボーッとしているだけの自分がお金をもらうなんてあり得ない。

そんなことをしたら申しわけない（いったい誰にですかね？）。

こんな私にお金を受け取る価値なんてない。

もらったとしても、見合うだけの価値を「返せ」ない。

前の章でもふれましたよね。

お金に困っている人は、自分の「存在給」が低いんです。

そして自分には価値がないということを信じているから、豊かさが受け取れない。

それは心のクセ、考え方のかたよりです。

貧乏な人には貧乏になる心のクセがあります。お金持ちの人にはお金持ちになる心のクセがあります。

そして、それにふさわしい現実をつれてきます。

どちらの考えを採用しようと、あなたの自由です。

好きなほうを選んでください。

でも、もしお金に困らない生き方をしたいのなら、お金持ちの考え方を採用したほうが生きやすいと思いませんか？

心のクセ、考え方のかたよりを直していくのが、この本の目的です。だから、あなたが直したいなら、直していきましょう。

それが今、信じられないことであったとしても、ね。

心のクセが
それにふさわしい
現実をつれてくる

その心のクセはどこからやってきたのか

あなたがお金を遠ざけてしまう心のクセはどこから生まれたのでしょう？

なぜ、そんな考え方のかたよりができてしまったのでしょう？

それはあなたの育てられ方に起因することが多いようです。


人には誰でも考え方のかたより、心のクセがあります。100人いたら、100通りの心のクセがある。

でも生まれたばかりの赤ちゃんに、基本的に心のクセはありません。

あなたは生まれたときから、自己評価が低い（＝「存在給」が低い）赤ちゃんだったのでしょうか？

僕はいまだかつて、ものすごく悲観的な赤ちゃんや、すぐひがむ赤ちゃんや、自信がない赤ちゃんや、人にやたら尽くしたくてたまらない赤ちゃんを見たことがありません。生まれたときは、基本的にみな真っ白。心のクセや考え方のかたよりはなかったのです。

お金に対する価値観もそうです。

生まれたときからケチな赤ちゃんや、やたら浪費家の赤ちゃんや、お金にネガティブな（ポジティブもそうですが）赤ちゃんはいません。

もし今あなたがお金に不安だったり、ケチだったり、ネガティブだったりするのは、生まれつきの性質ではなく、生まれてから会得《えとく》したものです。あなたが育つ過程で、教えてもらったこと、見たこと、聞いたこと、経験したことによって、いつのまにか、お金の価値、使い方、集め方を身につけていったのです。

お金持ちは、お金持ちの考え方を〝習って〟きたのです。お金のない人は「お金のなくなる考え方」を〝習って〟きたわけです。

環境によってつくられた価値観、それが心のクセ、考え方のかたよりです。言葉を変えれば、あなたにとっての「大前提」です。

あなたはその「大前提」に合わせて、行動しています。

たとえば、汚いことをしてお金をもうけてはいけないとか、
お金はがんばらないと入ってこないとか、
お金はためておかないといざというときに困る、とか。

そういったお金に対するネガティブな「大前提」に従って行動する。

するとお金もそれに合わせて動きます。

汗水たらしてがんばらないとお金は入ってこないし、お金をためてもためても「何か悪いことが起きる」という不安から自由になれません。

お金は汚いという価値観がある限り、お金もうけもできません。

「大前提」である心のクセ、考え方のかたよりがある限り、それに見合う現実しか現れないのです。

心のクセは、育った環境によって身についた「大前提」にすぎない

ネガティブイメージの裏には家族のできごとが張りついている

あなたはその「大前提」を今もずっと引きずりながら生きています。

子どもの頃に会得したお金に関するネガティブな考え方を、大人になった今も後生大事にズルズル引きずりながら歩いている。

まるでスヌーピーのマンガに出てくる〝ライナスの毛布〟みたいですね（スヌーピーが飼われている家の近所にはライナスという男の子がいて、その子は赤ちゃんのときから使っている毛布が手放せません。毛布を握りしめることで心の安定を保っています）。

その「大前提」はあなたにとってあまりにも当たり前で、常識になっているので、疑うことさえありません。

でも、もしあなたがお金のことで苦労していたり、お金にふり回されたくなかったら、一度その「大前提」を疑ってください。「大前提」がかたよってるよ、と教えてくれるのが、あなたに起きる「お金の問題」なのです。

ずっと引きずってきた〝ライナスの毛布〟、つまり「大前提」を壊すんです。

だって、あなたは今のあなたの現実を変えたいんですから。

お金に苦労したり、不安だったり、ふり回されたりする生活から自由になりたいんですから。

そしてお金に苦労しない、豊かな人生を送りたいんですから。

だったら、自分が信じている、ずっと握りしめてきた、小さい頃からズルズル引きずってきた、もう当たり前すぎて意識さえしていない赤ちゃんのときからの毛布を手放さないと。

あなたの「今の現実」をつくってきたあなたの「大前提」を壊さない限り、この先も同じ「今」が続いていくだけです。

「大前提」を壊す。そのためにはどうするのか？

まずはお金に対して持っているネガティブなイメージが、どこで形づくられたのか、その大本《おおもと》を探っていくことが大事です。

お金もうけは汚いとか、お金を使うのは悪いことだとか、お金は苦労して稼ぐものだというイメージが、どこからきたのか、ふり返ってみるのです。

お金をもうけたり、使うのが悪いことというイメージの裏側には、家族のできごとが張りついていることが多いようです。

「お金がない」という親の口グセやお金をめぐる夫婦げんか、親が借金して苦労していた光景を思い出す人もいるでしょう。

ほしかったおもちゃを買ってもらえなかったり、スーパーで1円でも安いものを買っている親の姿を覚えている人もいます。

お友達の家にあるゲームがうらやましかったのに、親に「買って」と言えなくて、言葉を呑《の》み込んだ悲しい記憶がよみがえってくる人もいます。
お金には悲しい思い出やつらいできごとが張りついているのです。

親がお金に苦労している姿を見ると、子どもは親を困らせたくないので、お金を使わずガマンするようになります。
「いや、私なんていいです。気にしないでください。ほしくありませんから」
お金をほしがらず、お金に関してわがままも言いません。
親を助けたい一心、親に悲しい思いをさせたくない一心でガマンする。
なぜなら、親を悲しませると、私は嫌われてしまうから。
親から見捨てられないように、
親から認めてもらうために、
親から愛してもらうために、
親に迷惑だと思われないために、
あなたはお金に対して一生懸命ガマンしてきました。

そしてお金に対して心を閉ざしてしまった。

お金に対する「大前提」、心のクセや考え方のかたよりの大本は、家族のできごとにあったのです。

もっと言うと、親から見捨てられたくない、親から愛されたいというあなたの思いから生まれてきたのです。

「大前提」を壊すとは、過去の自分を許すこと

ですから、「大前提」を壊すひとつの方法は、まず、あなたの「大前提」をつくった大本となる家族のできごとを洗い出してみることです。

お金に関して、悲しかったこと、つらかったことを思い出してみる。

そして心のどこかに封印されているできごとを思い出したら、こう自分に言い

聞かせましょう。

「もう大丈夫だよ」

「心配ないよ」

「あなたはもう十分愛されているんだよ」

「もうお金をもらっていいんだよ」

くり返し言ってあげましょう。そうすれば、少しずつ「大前提」が手放せます。

たとえばこんなふうに。

これは心屋塾を卒業して認定講師になったある女性の話です。

彼女は、子どもの頃、お母さんが病気になったときのことを思い出したそうです。幼かった彼女はお母さんが病気になって、ご飯をつくる人がいなくなるのがものすごく不安だったそうです。

彼女のお兄さんが一生懸命ご飯をつくってくれましたが、兄といってもまだ小さい子どもですから、心もとない様子です。その横で幼い彼女はなす術《すべ》もなく、不安と空腹にかられて立ちすくんでいました。

そのとき彼女の胸にこみ上げてきたのは、お金があったらなんでも買える。お兄ちゃんを困らせなくてもすむ、ということでした。

お金さえあれば、好きなものが買える。

お金さえあれば、お兄ちゃんを困らせなくてすむ。

お金さえあれば、役立たずのダメな妹にならなくてすむ。

お金さえあれば、迷惑な妹にならなくてすむ。

お金さえあれば……。

彼女が抱《かか》えるお金に対する不安は、子どもの頃のこんな思い出に原因があったのです。

不安の原点がわかったとき、彼女は幼い自分を思い出しながら、こう言って聞かせました。

「つらかったよね。不安だったよね。お腹《なか》がすいていたよね。でも、もう大丈夫。みんな終わったことなんだよ」

つらいできごとがもう終わっていることを、自分にはっきりさせました。そして幼い自分にこう言ってあげたのです。

「お兄ちゃんもお母さんも幸せだったよ。あなたは迷惑な存在でも、嫌われる存在でもなかったんだよ。あなたは十分愛されていたんだよ」

「大前提」を壊すとは、握りしめてきた過去のできごとを手放すこと。それは過去の自分を許すことです。

今あるネガティブな心のクセや考え方のかたよりは、過去の自分を責めることから生まれています。

だから過去の自分を許してやる。ダメな自分、役立たずだと責めてきた過去の自分を許してやる。

　そして、こう言ってあげてください。

「あなたは愛されているんだよ。過去も、今も、これからも、ずっと」

　自分を許してやることで、心のクセ、かたよりが修正されます。握りしめてきた「大前提」が崩れるのです。

　もしあなたがお金のことを考えたとき、なんとも言えないネガティブな気持ちが張りついていたら、その裏側に自分の過去の悲しい思い出があるはずです。張りついている悲しさや淋《さび》しい気持ちの大本を思い出してみるのです。きっと、まだ許していない過去の自分が見つかるはずです。そんな自分を許してあげてください。

　あなたは許されていたんです。罪もなかった。最初から、ずっと。

「どうせあなたは愛されている。いつだって、ずっと」

　過去の自分を手放せるまで、くり返し言ってあげる心のお稽古を続けましょう。

がんばるから、豊かになれない

なぜお金が入らないのか。それはあなたが受け取っていないから。それが理由のひとつです。

でも、もうひとつ、決定的な理由があります。それはあなたが「がんばる」からです。がんばる人はお金が入ってこない。怖くて、なんとかしたくてがんばってしまう。

なぜなら、がんばる人は「存在給」が低いからです。

僕は言いましたね。「存在給」＝収入です。

「存在給」が低い人は、低い分を歩合給で埋めようとします。

僕もサラリーマン時代は、ずっと働きづめ。

走り続けました。

働いていない自分には価値はないと思っていたので（つまり「存在給」が低かったので）、死ぬほど働いた分ぐらいは、たくさんもらっていたのに、いつもお金が「ない」「なくなる」と思っていました。

がんばらないとお金が入ってこないと思っている人には、本当にがんばらないとお金が入ってきません。

だって、現実は「大前提」のようにしか動きませんから。

ずうっとがんばって、がんばって、がんばって……、でも人間は機械ではありませんから、24時間３６５日、がんばり続けることはできません。

どこかでふっと気を抜くと、たちまち貧しくなるので、「いかん、いかん」とまた自分にムチを打つ。

ちょうど下りのエスカレーターを必死で駆《か》け上がっているようなものです。

全力で上っている間は上に進みます。

でも休むと、すぐ下に下がってしまう。

いつまでたっても、上に着きません。

その横には上りのエスカレーターがちゃんとあるのに。

「お～い、こっちに来いよ～（がんばらなくていいよ～）」と声をかけてくれている親切な人もいるのに。


下りのエスカレーターをわざわざ選んだのは自分です。

私はがんばらないと、お金が入らない人間なんだ（私は下りのエスカレーターを力をふりしぼって上らないと、上に行けない人間なんだ。それが素晴らしいことなんだ。上りのエスカレーターに乗るなんて、ズルイのはダメなんだ）と思っているので、わざわざ「がんばる」道を選ぶのです。

下りではなく、
上りのエスカレーターに
乗ればいい

「自力」をやめると、「他力」が入ってくる

でもがんばっている限り、豊かにはなれません。

がんばればがんばるほど、「存在給」を下げてしまうのです。

もちろん死にものぐるいでがんばって、お金持ちになる人はいます。でも、お金持ちになっても「がんばる」がやめられない。でも、「労働」には限界があります。

なぜなら、「自力」は「自力」以上には大きくならないからです。

自分ひとりで地面に穴を掘っても、たかが知れています。

1日に掘れる限度は決まっていますし、途中で休んだり、怠《なま》けたりしたら、それだけ穴掘りは遅れます。

穴の大きさ＝豊かさだとすると、自分だけで掘っている人は、自分の力以上の穴（＝豊かさ）はつくれません。

ものすごくがんばる人や、ものすごく体力のある人や、ものすごくガマン強い人が、不眠不休で掘れば、人より多少大きな穴（＝豊かさ）をつくることはできますが、ひとりの人間ができるのはせいぜいその程度です。

でも「他力」を利用したらどうでしょう？

「すみません。穴掘りを手伝っていただけますか？」と声をかけて、手伝ってもらう。2人で掘れば、2倍の穴になります。4人で掘れば、4倍の穴になる。100人で掘れば100倍の穴です。重機を持っている人もいるかもしれない。

「自力」でいくらがんばっても、とうてい及ばないほどの巨大な穴を掘ることができます。

なんだったら、自分は横で寝そべっていてもいいんですよ。それでも、誰かが穴を掘ってくれるので、知らない間に穴はどんどん大きくなります。

これが「他力」です。

では、どうやったら「他力」を使うことができるのでしょうか?

簡単です。「自力」でがんばるのをやめることです。

私「が」がんばらなければ。

私「が」やらなければ。

私「が」稼がなければ。

私「が」養わなければ。

私「が」幸せにしなければ。

私「が」責任を持たなければ。

そんな私「が」、をやめるのです。自分「が」と思っている限り、「が」が邪魔をして、「他力」が入れません。他力にまかせて自分がサボっていると、罪悪感で耐えられなくなって、やはり手を出してしまう。

私「が」と思っている人は、人を信用していません。だから、自分「が」がんばるのです。

人を信用していない人のところに、人は助けに来ません。

だって、「手伝いましょうか？」「いえ、いいです。あなたのことを信用していませんから」「私のほうができるんです」なんて憎たらしいことを言う人に手をさしのべる奇特《きとく》な人間なんていないでしょう？

僕もかつてはそんな憎たらしい人間でした。なんでも自分「が」がんばろうとしていました。自分のほうが「できる」なんて思い上がりもありました。

でも、あるとき気がついたんです。

自分「が」いくらがんばっても限界がある。限界がきて倒れてしまう。

だから、がんばるのをやめたんです。

すると、人が向こうからやってきました。

前は京都から東京に出向いてカウンセリングやセミナーをしていたのに、がんばらないで、京都から出ないことにしたら、わざわざ京都まで人が来てくれるようになりました。

僕は何もしていないのに、僕のことをテレビ局に紹介してくれたり、出版社からもどんどん声がかかるようになりました。

がんばるのをやめたら、「他力」がどんどん入ってきたのです。

世の中には穴を掘るのが大好きな人、得意な人がたくさんいます。

僕が自分で穴を掘っているときは、人を信用していないので、手伝ってやろう、とシャベルを持って立っている人がたくさんいても、「いいです。自分でやりますから」とひとりでがんばっていました。

もしかしたら、シャベルを持って立っているたくさんの人が見えていなかったのかもしれません。

でもがんばるのをやめたら、「手伝います」「やってあげます」という人がドドッとシャベルを持って集まってきてくれました。

世の中にはいろいろな人がいます。

穴を掘るのが好きな人。

アスファルトを敷《し》くのが好きな人。

歌を歌うのが好きな人。

料理をつくるのが好きな人。

電卓をたたくのが好きな人。

人に教えるのが好きな人。

掃除をするのが好きな人……。

いろんな「好き」をやりたい人に「好き」をやらせてあげるのが、「他力」を使うということです。

自分「が」を捨てると、「好き」をやりたい「他力」が集まってきます。「が」

を捨てれば捨てるほど、「他力」が集まってくる。

自分「が」の「が」は「我」なんですね。

だからがんばるのをやめて、「我」を捨てれば、何百倍、何千倍、何万倍もの「他力」が集まってきます。

「自力」を超えた豊かさがやってくるのです。

あなたにお金が入らなかったのは、「我」が強すぎて、人に力を貸してもらうことができなかったからです。心の扉を閉ざしていたからです。

「他力」を使うには、「自力」でがんばるのをやめる

お金がないのは、あなたの「前提」の間違いを教えてくれる現象

今、あなたがお金に困っていたり、お金に不安だったり、お金にふり回されているとしたら、それはあなたが無意識に自分でそうなるように選んできたからです。

別の選択肢があったのに、あなたがその道を選んできた。あなたの「お金に対するネガティブな大前提」が、あなたにそう選ばせてきたのです。

お金がなくならないようお金に執着し、自分だけでがんばり、自分では安全な道を選んできたつもり。ですが、その結果、「前提」を強くしてとても不安で怖いことになってしまった。

それだけの話です。

ですから、「お金がない」という現実は、あなたのお金に対する「前提」が間違っていますよ〜、と教えてくれるありがたい現象だと思えばいいでしょう。

そう思えれば、少しは怖さが薄れますよね。

お金がないという人は、「頼るべき人に意地を張って、怖くて頼んでいないだけ」ではありませんか？

「お金がない」という現実は、あなたに「頼る人はいません」という思い込みを捨てさせるためのできごとだと考えればいいでしょう。

ここまで読んできて、「これ以上、どうすればいいのかわからない。何をがんばればいいのかわからない」「頼れる人もいない」と感じて絶望する人がいると思います。

それもわかります。そこからが、「知らない世界」「あなたの常識の外」にいくチャンスなのです。

お金を手に入れるにはがんばらないといけないという、世紀の勘違いをしている人が、お金を手に入れるには、「がんばる以外の方法」があると知るチャンス。

だからこれ以上、がんばらない。

がんばらなかったら、豊かさが助けてくれます。

これ以上がんばらずに、「助けて」「手伝って」と「まだ言っていない人」に言ってみましょう。

「言ってはいけないと思っている人」に言うのです。

その人が助けてくれるとは限りませんが、何かが助けてくれますから。

あなたの想像もつかない、考えたこともない、常識の外からの「他力」があなたを助けてくれます。

信じられないですよね。当然なんです。「常識の外」なのですから。

あなたの常識の外にある「他力」に助けてもらう

「なんか知らんけど」は「他力」のパワー

この章の最後に面白いことをひとつお教えします。

お金持ちになった人は、「なんか知らんけど、気がついたらお金持ちになっていた」とよく言います。

この「なんか知らんけど」がキーワードです。

「なんか知らんけど」は「他力」のこと。

心屋塾の毎月の会員制の勉強会・Ｂｅトレに通っている人たちの中には、勇気を出してがんばって働いたり、がんばって会社に行ったり、がんばって仕事をすることをやめてしまった人がたくさんいます。

でもその人たちは、「なんか知らんけど」、会社勤めをしていた頃より、旅行にいっぱい行って、いい服を着て、いいものを食べて、好きなことを楽しんでいるのに、「なんか知らんけど」前よりお金があります。

たとえば親がお金をくれたり、会社が予想以上の退職金を出したり、お金持ちの人と知り合ったり、実はけっこう知らない貯金がたまっていたり、「なんか知らんけど」自分の常識の外からお金がやってきます。


この「なんか知らんけど」を僕の言葉で訳すと、「他力」になります。自分「が」という「自力」が引っ込んだとき、「他力」がバサッとやってきます。

自分「が」のエリアが増えると、「他力」のエリアが減りますが、自分「が」を減らすと、「他力」のエリアが増えるのです。

そしてパワーは圧倒的に「他力」のほうが強いので、「他力」にまかせた人は一気に流れが変わります。


ヒット曲やベストセラーが生まれるときもそうです。

自分「が」いくらがんばっても、売れるとは限りません。「が」でやると「がんばった分」ぐらいは売れるでしょう。でも、大ヒット作というのは「なんか知らんけど、売れた」という説明のつかない要素がたくさん詰まっているのです。

最終的には世の中を味方につけたものが売れる。世の中を味方につけるというのは、世の中にすべてをまかせた、「他力」にまかせたことになると僕は思います。

やっぱり「他力」なんです。あとでそれを分析して、真似ても売れないのです。

僕は「他力」の力を完全に信じているので、もはや目標を立てるのをやめました。

たとえば、この本は何万部売ろうというのをやめたのです。

10万部売る目標を立てたら、10万部売れるくらいの広告、宣伝活動をすることになります。

これが100万部の目標になったら、10万部のときとはまた違う行動をとります。

10万部売る以上の広告、宣伝費をかけ、テレビや雑誌、新聞などのメディアを山ほど使う必要があります。

でもそれをしたところで、よくて100万部しかいきません。

100万部売る目標を立てて、そのために行動しても、「自力」だとよくて100万部の成果しか出せない。

ところがそれらを全部捨てて、目標を立てずに「他力」にまかせきって、目の前にやってきたものを楽しんでいれば、自分が知らなかった「想定外」の世界につれて行ってもらえます。

僕が本を出し始めた頃は10万部売りたいと思い、必死でがんばっていました。でもとても10万部には届かなかった。

それをやめて、「他力」に全部まかせて、自分は何もしないでいたら、累計370万部も売れたのです。

３７０万部なんていう数字は、もう想像を超えたはるか向こうにあって、夢ですらありませんでした。

目標を決めるのをやめて、あとはみんなにまかせたら、すごいことがやってきたわけです。

だから「他力」を信じてください。「なんか知らんけど」を信じるのです。

「運」「縁」「流れ」「加護《かご》」というようなものかもしれません。

あなたが「自力」にこだわる限り、お金が入る人にはなれません。死ぬほどがんばる「自力」以上には、豊かになれないのです。

「他力」を信じてまかせると、「運」「縁」「流れ」が一気に変わる

第3章のまとめ

- お金が入らないのは、あなたが受け取ろうとしていないから。
- 貧乏な人には貧乏になる「心の前提」、お金持ちにはお金持ちになる「心の前提」がある。
- 「お金は苦労しないと入ってこない」「ためておかないと貧乏になる」……子どものときに、親や周囲から教えられたお金に対する価値観をずっと引きずってしまう。
- 親から見捨てられないように、親に愛してもらうために、迷惑だと思われないために、お金に対して一生懸命ガマンしてきた。お金に心を閉ざしてしまった。
- お金のことを考えたとき、悲しさや淋しさを感じたら、過去の悲しい思い出が原因。許していなかった自分を許してあげよう。
- がんばるほうが、お金が入ってこない。がんばるのをやめると、「常識の外」からの豊かさがやってくる。

第4章

お金が入る「あり方」とは何か

イソップ寓話のキツネ状態になるな

前の章では、あなたがお金を受け取れない理由についてみてきました。この章では、あなたがお金(＝豊かさ)を受け取れる人間になるための考え方、つまり「あり方」について考えていきたいと思います。

この本の冒頭でも述べたように、世の中にはお金持ちになるためのたくさんの本が出ています。それなのに、全然お金持ちになれないのは、自分が受け取っていないからです。

受け取る自分の器《うつわ》が傾いている。

傾いた器にお金のノウハウという水をいくらじゃぶじゃぶ注《そそ》いでも、水は床にこぼれ落ちるだけ。少しも器にたまりません。その「傾き」をつくっているのが、「あり方」です。だから、「やり方」ではなく「あり方」を正していかなければ、どんなに素晴らしいことを学んでも身につかないのです。

まずは心の「あり方」を直していく。器を正しい位置に戻していくことが大事です。

ではお金に対して、どんな「あり方」をすればいいのか、この章で一緒に考えていきましょう。

結論から言ってしまうと、お金が入る「あり方」には4つの段階があります。その段階を踏んでいけば、ちゃんとお金が入るようになっています。

これから、あなたの「常識外」のことをお話ししますね（お金のない人の常識外を、お金のある人は生きているからです）。

イソップ寓話《ぐうわ》に、ブドウが食べられないキツネの話が出てきます。

高い木になっているブドウはとても美味《おい》しそうですが、キツネは取ることができません。するとキツネはこう言うのです。

「どうせ、あのブドウは酸《す》っぱいし」

「俺《おれ》はお腹なんかすいていないんだ」

「あんなブドウ、ほしくないよ」

「まずいブドウなんか食べて、お腹をこわすのもいやだよ」

キツネはブドウがはなから手に入らないとあきらめています。だから自分が傷つかないよう、最初からブドウはほしくなかったことにしているのです。

そうやってブドウ（＝豊かさ）を否定する。

豊かさから目をそむけてしまいます。

でも、僕は思います。本当はブドウの木にはちゃんとはしごがかけてあったんじゃないかと。

はしごに上れば、簡単にブドウが食べられたのです。

なのに、キツネはすねてブドウの木から目をそむけてしまったから、はしごの存在に気づけなかったんです。もしくは、はしごを使うことは「ズルイ」ことだと思っていたから使えなかった。

あなたはお金が大好きです。お金がほしいと思っています。

それなのに、お金をたくさん持っているお金持ちを見ると、「チッ」と舌打ちしてしまうのはなぜでしょう？

あんなにお金が好きなのに、あなたが大好きなお金を持っている人を見ると、腹が立つ。

モテたくてたまらないのに、ステキな人を見ると、「チッ」と舌打ちして顔をそむけてしまうのと同じですね。

その心の裏にあるのは妬《ねた》ましさや、すねた気持ちです。

お金持ちを見たとたん、反射的に〝イソップ寓話のキツネ〟状態になってしまう人がたくさんいます。

「どうせ汚らしいことをしてお金をもうけたんでしょ」とか、

「お金がいくらあっても、幸せとは限らないわよ」とか、

「きっとあの人は性格が悪いに違いない」とか、

「みんなから嫌われているわよ」とか……。

みんなイソップ寓話のキツネと同じです。自分が一番ほしいもの、なりたい姿から目をそむけている。

その姿勢、その「あり方」のかたよりが、あなたをお金から遠ざけている原因です。

自分がほしいもの、
なりたい姿から
目をそむけない

お金は空気と同じ。「ある」ことに気づくことが大事です

お金が入る「あり方」を身につける第一段階は、「ある」に気づくことです。「ある」に気づく。どういうことでしょうか。

僕はお金や豊かさに対する「あり方」は、空気と同じように考えればいいと思っています。

空気は誰のところにも「ある」。お金もそうです。

お金＝空気

と考えると、お金や豊かさも空気と同じようにちゃんと受け取れるようになり

ます。

つまりお金が入る人になる第一段階は、お金や豊かさは空気と同じように「見えないけれどある」と気づくことです。

でも、そう考えるのが難しい。

僕がブログにお金＝空気と書いたら、「全然意味がわからない」というコメントをたくさんいただきました。

この本を読んでくださっている方たちも、「？」とクエスチョンマークがいっぱいついてしまったに違いありません。

なぜお金＝空気か。

それについて少し説明させてください。

私たちはみな空気を吸っています。誰かがいっぱい吸うと、そこだけ空気が薄かったり、誰かのところだけ、濃い空気があるわけではありません。

広く、あまねく、平等に。

自分だけで空気をひとり占めしたり、思い切り息を吸ってためておいたりしなくても、必要なだけ、ちゃんと回ってきます。

でも不思議ですよね。空気って目に見えないんですよ。「ある」ってどうしてわかるんですかね？なくならないって、どうして信じられるんですかね？

みんなは空気が「ある」こと、なくならないことを信じています。あなたもそれを信じています。それがみんなの「大前提」です。「空気は簡単に手に入らないからがんばって集めなさい。大切に吸いなさい」とは教えられなかった。

逆に、深呼吸なんて体操のときに教えられたりしたから〝なくならない〟〝簡単に手に入る〟〝いつもある〟という前提なのです。

「大前提」の通りの現実がやってくるという話を前にしましたね。

目に見えないのに「ある」。

平等に「ある」。

誰のところにも「ある」。

なくならない。

みんなの「大前提」、あなたの「大前提」がそうだから、ちゃんと空気が「ある」し、ちゃんと吸えるし、必要な分だけ回ってくる現実がやってくるんじゃないでしょうか。それを知っているから、不安も恐怖もないのです。

空気は目に見えなくても
「ある」のが「大前提」だから
不安にならない

お金は「ある」と教えてもらわなかった

じゃあ、お金はどうでしょう？

お金は目に見えます。でもその後ろにある豊かさは目に見えません。

だから目に見えるお金だけを見て、豊かさが「ある」ことに気がつかないと、「こんなにちょっとしかない」とか、「もうなくなった」とか、「全然足りない」とか、「お金、ないっ！」などと思います。

たとえ1億円持っていても、豊かさが「ある」ことに気づかない人（＝豊かさを受け取っていない人）は「まだ足りない」「もっとないと不安だ」「なくなったらどうしよう」と思います。

「お金がないっ！」という人は、お金がないのではなく、お金の後ろにある豊かさを「見ていない」「ないと思っている」「受け取っていない」、そして「教えられていない」「逆のことを教えられた」だけなのです。

空気がなくなるかもしれない、とは誰も思いません。

吸いすぎたら私の分がなくなるとか、

隣の人が吸いすぎて、私の空気が少なくなるとか、

明日、老後に私の分の空気はないかもしれないとか、

空気がなくなるから、今のうちから何かあったときのために、ためておいて増やさなければいけないとは誰も思いません。

お金もそれと同じだと思ってください。

お金はある。豊かさはある。ためなくても回ってくる。そう信じてみてください。

あなたのお金に対する「あり方」「大前提」を変えるのです。

そうすれば、お金はちゃんと回ってきます。空気と同じように。

お金（＝豊かさ）は「ない」のではなく、あります。ただ、あなたが、
受け取っていない、
受け取ろうとしない、
もらえると思っていない、
ないことにしている。
そう教えられてきたから。
それしか知らなかったから。
そう信じてきたから。

愛情と同じですね。目に見えないけれど、「ある」。

「ない」と思っていても、「ある」。

ただあなたが受け取っていないだけ。

お金＝空気＝愛情だったんですね。

お金に対する
「大前提」を変えると、
空気と同じように
お金も回ってくる

今のままだと「足りない」現実しかやってこない

お金＝空気です。ちゃんとあります、誰にでもあります、と僕が言っても、「いやいや、私のところには入ってきません」とみんな言います。

それは自分が受け取っていないだけ、止めているだけなんです。

給料しか収入がない人も「私には給料以外の収入はない」「給料が上がらないからお金はない」と言って、自分で止めているだけなんです。

「いや、止めてませんよ。お給料を決めているのは会社ですから。私は止めてません～ん！」という大合唱が聞こえてきそうです。

たしかに給料は上がらないかもしれません。あなたの思い通りにはなっていないかもしれない。

でも、「たくさんのいいもの」「豊かなもの」は、いつもやってきています。

僕が言っているのは、「たくさんのいいこと」を起こす方法（＝やり方）ではなく、「たくさんのいいことがあった」と気づく「あり方」なのです。

「ある」ことに気づかない人、気づこうとしない人は、たくさんの豊かなものを、「さらに」与えられてもこう言います。

「まだまだ足りない」「まだ何ももらっていない」

だから今の「あり方」のままだと、何があっても、どこに行っても、宝くじが当たっても、どんな暮らしをしても「足りない」ままの現実しかやってこないのです。

「ある」ことに気づかない人は
さらに与えられても
「まだ足りない」と思ってしまう

豊かさは想像を超えたところからやってくる

「心屋の言うことはわかった。では『ある』ことに気づいたとして、肝心《かんじん》のお金はどこからやってくるんだ？　今月払わなくちゃならない家賃はどっからやってくるんだ？　空からお金が降ってくるとでも言うのか？」

はい、降ってくるんです。

「バカな」と思われるでしょうが、でも、まず前提が間違っています。

『ある』ことに気づいたとして」ということは、まだ気づいていない。だから「わからない」のです。まだ「常識内」なのです。人は体験したことのないことには気づかないんです。

気づいたら、必ず変わるんです。で、気づくための第一歩として、信じてみる。**「ある」のだと信じてみる。**すると現実に、〝常識外〟のことが起きる。それで初めて信じられる。話はそこからです。

順番が逆なんです。「ある」と信じてみる。あなたが常識だと思ってきたセオリー、定石《じょうせき》、王道、つまり大前提を変えてみる。

そうすれば、そのあとで現実が変わります。「ある」証拠が「見えて」きます。すると初めて、すでに「ある」豊かさに「気づく」でしょう。

その豊かさとはなんでしょう？　お金でしょうか？

お金の人もいます。お金ではない人もいます。

それは僕にもわかりません。誰にもわからない。なぜなら、豊かさは僕たちの予想をはるかに超えたところ、常識の外からくるからです。

だからそんなことは知らなくていいし、想像してもしかたないのです。

僕もみなさんの体験を聞いていつもびっくりするのです。「あり得～ん」って。

「ありかた」を変えて豊かになった人は、

「なんか知らんけど、お金が入ってくるようになった」

「なんか知らんけど、お金に困らなくなっていた」

と言います。

豊かさは想像を超えたところからくる、つまり「なんか知らんところから」くるのです。

これを心屋塾では、「心屋マジック」（別名「他力」）と呼んでいます。

「なんか知らんけど」すごいことが起こる。

「なんか知らんけど」豊かになっている。

「なんか知らんけど」親の遺産が入ってきた。

「なんか知らんけど」玉の輿《こし》に乗れた。

「なんか知らんけど」……。

僕の周りではそんなことが次々と起こっています。

あなたにも、それを体験してほしいのです。

「ある」と信じるだけで、
「なんか知らんけど」
豊かさがやってくる

第二段階は自分を認めること

「あり方」を変えたぐらいでお金持ちになるのなら、日本中がお金持ちになっているはずだ！　と怒って言ってくる人もいます。

全部の人がお給料アップするわけじゃないし、みんなが豊かになるとは限らないと、真剣な顔で聞いてきた人もいます。

僕は答えました。

「だって誰も信じないし、人のことはどうでもいいんです。その中に勝手に『自分』を入れないでください。もっと自分のことを信用してみて。あなたの数少ない経験と、見たり聞いたりしてきたものから、勝手に『ない』と決めつけないでね。お金持ちの人には当たり前のことなんだよ」と。

「あり方」をみんな間違っているから、日本中がお金持ちになっていないだけなんです。

お金に困らなくなった人は、「お金持ちになりそうだから」、僕の言う通りにしたのではありません。

常識外のことを「信じてみよう」と思ってくれた。そうしたら、もうすでに「豊かである」と気づいた、そして「自分は豊かさを十分受け取れる存在である」と気づいたということ。

そんなふうに自分の「あり方」を先に変えたから、あとから現実がやってきたのです。

お金＝空気である。

だから「誰でも」受け取れるものだということにまず気づく。これが第一段階です。

そして大切なのは、**第二段階です。**

「自分は豊かさを受け取れる存在である」と気づくこと。自分を認めること。受

け取っていいんだと、自分を許すことです。

お金が死ぬほどたくさんあっても、自分で自分を認めていない人は、罪悪感があるのでお金が使えません。夫がお金持ちでも、夫からもらうことに罪悪感を持ち、夫のお金を使えません。お金が受け取れないのです。罪悪感があるということは、自分には「罪」があると思っているのです。だから、そんな「罪」のある、価値がない自分が、好きなものなんて買ってはいけない。

ましてや稼ぎがない私が、お金なんかもらってはいけない。

そんな罪悪感がしみついているので、せっかく1万円をもらっても、自分のために使わないで、家計の足しにしたり、誰かのために使ってしまいます。

人のためにお金を使って、ようやく罪悪感から解放される。

いったいどこまで自分を責めて、おとしめればいいんでしょうか。

自分はダメだ。

がんばりが足りない。
お金を使う価値なんてない。
迷惑をかける。
能力がない。
嫌われている。
期待に応《こた》えられない。

という「罪」なのです。それが許されていないと思っているから、自分がほめられても信用しないし、誰かがほめられていると「あんなふうになれない」と自分を責めます。

すきあらば、自分を責めてしまう。そのうちなんの関係のないものを見ても、自分を責めるようになります。

逆に「バカにしてるの⁉」と言って怒り出します。

いえいえ、誰もあなたのことをバカにしていませんし、誰もあなたのことを責めていないのです。

あなた以外は。あなた以外は、あなたに「罪」は感じていないのです。そして、そもそもその「罪」は、はじめからないのです。

だから自分のことを認めてください。もう許してあげてください。あなたはただ存在しているだけで、価値がある。豊かなんです。

昔、認められない経験をしたからといって、認められない「存在」「人」ではないのです。他人を、親を喜ばせられなかったという「罪」を犯《おか》したわけではないのです。

第2章で「存在給」の話をしましたね。自分の「存在給」を認めてあげるのです。

そして豊かさが空気と同じように「ある」と気づいたら、それをちゃんと受け取ってください。

あなたは受け取っていい人間なんです。

そういう素晴らしい人間であるという「大前提」に変えてみる。

そうすれば、豊かさを受け取るのにふさわしい人になります。ふさわしい人間になれば、ふさわしい豊かさがやってきます。

急には変われなくてもかまいません。


変えてみようかな〜。

信じてみようかな〜。

そういうことにしておこうかな〜。


それだけでいいのです。それだけでスイッチが少し入ります。少しスイッチが入った分、それだけ少し現実が動きます。

「自分は豊かさを
受け取れる存在である」と
気づく

ほしいもの「だけ」を受け取ろうとしてはいけない

さて、ここで注意点をひとつ。ここから、**第三段階に入ります。**

豊かさを受け取るといっても、いいこと「だけ」を受け取れるわけではありません。お財布の口を大きく開けていれば、大きく開けただけ、お金が入ってきますが、お金以外のゴミやクズやいらないものも入ってきます。よけいなものはいらないから、とお財布の口を閉めてしまうと、ほしいお金も入ってきません。

豊かさを受け取ろうと思ったら、ほしいものだけでなく、ほしくないものも受け取る覚悟が必要です。

お金が入る人になる第三段階は、「ほしいものだけを受け取らない」です。

トランプを想像してみてください。

トランプの図柄にはハート、ダイヤ、スペード、クラブがあります。

たとえばこれを、ハートは愛情、ダイヤはお金、スペードは暴力、クラブは悲しみを意味するとしましょう。

トランプをシャッフルして、一人ひとりに配ると（シャッフルが足りなければ、多少かたよりが出るかもしれませんが）、平等に配られます。

これが私たちの人生です。

つまり人が生きていると、ハートもダイヤもスペードもクラブも平等にやってくる。

いいことも、悪いことも、つらいことも、楽しいことも、苦しいことも、目立つことも、バカにされることも、気持ちがいいことも、順々にやってきます。

そして、どのトランプもひっくり返すと、同じ模様になっています。

トランプって、裏側はみな同じ模様ですよね。

その人生のトランプの裏側の模様にはみな「愛」「豊かさ」と書いてあります。
つまりどのできごとも、裏を返せば、「愛」と「豊かさ」でできている。

もし「私はハートばかりほしい」とか「私はダイヤがたくさんほしい」とか「私はスペードは大嫌い」とか「クラブはいらない」とか、えり好みばかりしていると、入ってくるトランプはどんどん少なくなります。

さらに「あのハートはほしい」「でもこのハートはいらない」「ハートの3とかあり得ない」などと言っていると（これって「あの人の愛情はほしい」「でもあの人の愛情はいらない」と言っているのと同じですよね）、ますますトランプは少なくなります。

裏に書いてある「愛」と「豊かさ」も少なくなる。

そうやって、自分でトランプを捨てているくせに、「どうして愛情もお金も入ってこないんだろう」とぼやいているわけです。

ハートもダイヤもスペードもクラブも、つまり、いいことも悪いことも全部受け取る覚悟をしたら、愛と豊かさにあふれてきます。

だってどのトランプもひっくり返せば、同じ模様、つまり「愛」「豊かさ」なんですから。

なのに豊かになれない人、愛に恵まれない人は、自分が好きなカード以外は捨ててしまいます。

順番に、平等に配られているのに、自分でトランプを捨ててしまって、「私のカードは少ない」「ろくなカードが来ない」といつも不平不満ばかり言います。

「私にはハートなんかひとつも配られなかった」と、自分で捨てているのに気がつかないで、愚痴《ぐち》ばかり言っているのです。

そして結局、手持ちのカードが少ないので、人生が思うように進みません。ここぞというとき、思い切って勝負がかけられないのです。

これはほしい。でも、これはいらない。

仕事はほしい。でも、忙しいのはいやだ。

結婚したい。でも、縛《しば》られるのはいやだ。

優しさはほしい。でも、優柔不断《ゆうじゅうふだん》はいやだ。

自由がほしい。でも、かまってもらえないのはいやだ。

有名になりたい。でも、世間からたたかれるのはいやだ。

都合のいいほうだけ、ほしいものだけほしがっても、豊かさは手に入りません。

お金が手に入らないのは、そうやって捨てているから。いいほうだけ受け取ろうとするから。

ほしくないものを受け取っていないからです。

スペードやクラブのカードが来ても、人生のトランプは裏返せば、みな「愛」「豊かさ」と書いてあります。

気がつけば、「愛」と「豊かさ」にあふれているのです。

受け取るとは、そういうこと。すべてを受け入れることです。

空気だってそうですよね。

あっちの空気だけ吸いたい。こっちの空気は吸いたくない、なんて言いません（酸素だけ吸いたい。二酸化炭素はいや、では吸えないし）。

ときには空気がちょっと臭《くさ》くても、ほこりっぽくても、受け入れてふつうに吸う。

そんなふうに全部ひっくるめて受け取れば、豊かさもたくさん入ってくるんですよ。

ほしいものも、
ほしくないものも、
すべてを受け入れる

豊かさを受け取ったら、出す

さあ、やっと第三段階が終わりました。いよいよ最後の**第四段階**はこれです。

豊かさを受け取ったら、出す。

豊かさを受け取ったら、ちゃんと出しましょう。

出さないと、次が入ってきません。

「金は天下の回りもの」と言われますよね。

お金も、豊かさも、愛も、空気も、水も、エネルギーも、みんな入ってきたら、ちゃんと出す。

循環させなければ、自分のところに入ってこなくなります。

ため池に水をためるのと同じです。
新しい水が入ってこないので、水は腐ってしまいます。そのうち蒸発したり、地面にしみ込んで、みんななくなってしまう。

せっかく、豊かさを受け取っても、自分のところで循環を止めようとするから、その次からお金も、豊かさも入ってこないのです。

お金がなくなったらどうしよう？　入ってこなかったらどうしよう？　という不安のために、循環するものを止めよう（＝所有しよう）とするから、お金もエネルギーも、ものも回らず、自分のところに入ってこないという悪循環が始まります。

そしてますます不安になり、さらに所有しようとするので、もっとエネルギーが回らなくなって、自分のところにもっと入らなくなります。

するともっと不安になって、さらにため込んで所有しようとするので、もっと回らなくなって、さらに不安になる。

不安になるので、所有しようとして、流れを自分のところで止めるので、エネルギーが回らなくなって、もっと不安になって……（リフレイン）。

まるで犯人と警察のやり取りみたいですね。

警察「人質《ひとじち》を渡せ。金はある」
犯人「金をよこせ。そしたら人質を解放する」
警察「バカやろう。人質が先だ」
犯人「バカを言うな。金が先だろう」
警察「バカはそっちだ。人質を放せ」
犯人「先に金を投げてよこせ」

どちらも、渡したら最後だと思っています。

順番が逆なんです。犯人を信じてお金を渡すのです。

最初に渡す。最初に回す。最初に使う。お金や豊かさはどんどん出して、どんどん回す「あり方」に変えていくことです。これが「損をする覚悟」です。「ある」という前提だと、どんどん回せる。「損」も怖くない。本当に損をすることももちろんある。でも、どんどん回していると、「ある」前提に変わってくるのです。

自分のところで止めてはいけない。

止めてもお金は増えません。

空気と同じように、出さないと吸えないんです。

お金も、
豊かさも、愛も、
出せば必ず入ってくる

節約すればするほど、お金は減る

佐川急便《さがわきゅうびん》に勤めていた時代、すごく高いお給料をもらっていたのに、なぜか僕はお金が全然たまりませんでした。

当時の大卒の平均的な初任給の2倍近い初任給から始まり、当時、お給料はどんどん上がっていきました。

こんなにお給料をもらっていて、でも忙しいので使う暇《ひま》もなかったのに、なぜか僕はいつもお金に困っていました。

お金がまったくたまらない。これが不思議でした。

たまりかねて、僕は家計簿をつけることにしました。昼ご飯に牛丼《ぎゅうどん》屋に行っても、卵をつけたり、味噌汁《みそしる》を頼んだりしないよう注意しました。

でも、お金がたまらない。

節約すればするほど、お金がたまらないのです。

まるで、世界の七不思議のようでした。

しかも、ちまちま節約していると、いきなり財布を落としたり、事故に遭《あ》ったり、つまらない買い物をして大損したりするのです。

あるとき僕が大好きなアーティストのライブがありました。

5万円のプラチナチケットが手に入りそうだったのですが、さんざん考えた末、もったいないので、やめておきました。

すると乗っていた車をこすってしまい、修理代に5万円請求されました。ケチケチして、お金を使おうとしないから、強制的に使わされました。

結局、ためようとしていてもお金はなくなっていく。

ならば、出してしまったほうがいい。

回していったほうがいい、というわけです。

そのあと、会社をやめたり、カウンセラーとして開業したり、いろいろなことがあって、僕のお金に対する「あり方」も変わりました。

お金（＝豊かさ）は「ない」のではなく、「ある」のだと気づいたのです。自分の心の「前提」が変わると、お金の流れも変わってきます。

「ある」と気づくと、すべてが変わりました。

自分の言動も、ふるまいも、雰囲気も、周りをとりまく環境も。

節約していた時代は「ない」という大前提に立っていたので、使わない。節約する。

これは、「私はお金がない人なんです」と自分に刷《す》り込んでいたわけです。

そういう人にお金が入ってくるわけがありません。自分の行動を見れば、自分がどちらの前提なのかわかります。

でも「ある」と気づき、減らないとわかってからは、お金をどんどん出せるようになりました。

すると、不思議とお金が回ってくる。

空気を少しずつ吸おうとしないように、ふつうに吸ったら、ふつうに出す。

お金も入ったら、出す。

ちゃんと回していけるように心の「あり方」を変えれば、豊かさが循環していくようになります。

僕がそうだったように、みなさんもそうなれます。

「お金がない」と
刷り込んでいると、
お金が回ってこない

意味のあることにもないことにも、お金を使う

「お金を止めない。ちゃんと回す。わかりました。思い切ってやってみましょう。でも何にお金を使えばいいんでしょう？　どんどん無駄《むだ》づかいしてもいいんですか？」と、聞いてきた人がいました。

えーと、何に使ってもいいんですよ。

お金を惜しむのではなく、お金の使い道を「いい」「悪い」で判断するのでもなく、意味のあることにも、ないことにも、あえて使ってみる。

そうすることで、自分の中の「大前提」、小さい頃から教えられてきたお金に対する「あり方」、常識、「いい」「悪い」のジャッジ、枠《わく》が壊されて、お金を回していけるようになるのですから。

私たちの心の中には、無駄づかいしてはいけない、わけのわからないものに浪費するな、お金は苦労して稼ぐものだ、という「大前提」、常識が刷り込まれています。

その結果、その言葉通り、お金に苦労する現実がやってきます。

「節約」と言って出し渋《しぶ》り、「無駄づかい」と言って出し渋る。

たとえばお店で買い物をしたことを「無駄づかい」と言われたとしても、「無駄づかい」と言われた先のお店の人も、ちゃんと商売していて、そのお金で家族を養ったり、ご飯を食べたりするのですから、お金は回っているのです。

それに「どうせお金を使うなら、いいことに有意義に使いたい」、そう思っても、本当に払った先で「いいこと」に使われるかどうかの保証はありません。

「いいこと」も、あなたの考える「いいこと」ですからね。

たとえば、「いいこと」と思って神社に寄付して、神社の人がベンツを買ったら腹が立つけど、安い中古の軽四ならＯＫとかね。そんなの、好き嫌いです。だから、善悪や損得やいい悪いを考えること自体が無意味だといえるでしょう。

たとえば僕はこの間、友人たちとゴルフに行き、帰りに焼肉を食べました。そのあと、スーパーに寄って、ネコの餌を買いました。

これで、ゴルフ場と焼肉屋さんとスーパーと、そしてネコの餌をつくっている会社や、それを運んでくれる運送会社にお金が回っていったわけです。

そしてそこで働く人たちの生活費や楽しみのためのお金、子どもの学費に変わっていくのです。

たとえそこに意味があろうと、なかろうと、無駄づかいであろうと、なかろうと、お金を回していく。

それぞれが出したお金で、もらったお金をそれぞれが幸せになるように使わせてもらえばそれでいいんじゃないでしょうか。だから、「好きなもの」「幸せな気分になれるもの」に使いたいですね。
お金を回していくとはそういうことだと思います。

子どもにお年玉はいっぱいあげよう

子どもにお年玉は意味もなくいっぱいあげましょう。
子どもに、たくさんお金をあげてはいけない、という考え方の人も多いです。
使い方を間違うから、
無駄づかいしてしまうから、
お金が簡単に手に入ると思ってはいけないと……。

でも、よーく考えると、これって、豊かさからはほど遠い考え方……。

「苦労しないとお金はもらえない」
「無駄に使ってはいけない」
「親の許すものでないといけない」
「お前は信用できない」

を、毎年毎年、コツコツと刷り込んでいっているわけです。

子どもにお年玉を意味もなくいっぱいあげることは、ここまでお話ししてきた「存在給」、つまり、
自分は役に立たなくても、
自分が何もしなくても、
自分が価値を提供しなくても、

自分は豊かさを受け取っていい存在なのだ、と信じる、必死にならなくても豊かさを手にしてよいという考え方です。

もちろん、今まで信じてきたストイックな「美学」を大切にしたい方には、理解できないと思います。

でも、その「美学」は、「存在給」という豊かな考え方からとってもかけ離れたことを毎年刷り込んでいたんだと思うのです。

子どもには「お金の価値がわからないから」と、たくさんあげることに抵抗します。

「お金の苦しい価値」に縛られてしまっているんですね。

だからこそ、子どもにお年玉をどんどんと、意味なくあげてみてください。

豊かな子どもになりますよ（たぶん）。

お金持ちの子どもは、だから、お金持ちのままなんです。
「考え方」が違うのです。
お金持ちほど、プレゼント好きだったりします。
ここでは、実際にその実験をした方の体験談がありますので、紹介しますね。

【体験談】 心屋流カウンセラー（認定講師） 弓　明子さん

子どもに持て余すくらいのお金、10万円のお年玉をあげたら、どうなるか？
先日のBeトレでぢんさんが話をしていたのを聞いて、おもしろそうだったので採用してみました。

さっそく、旦那《だんな》さまに伝えてみたら、あっさり了承……（笑）。

そうくるか！！！

Beトレ行ってないのに！！
だから稼いでくるんだなぁー♡
旦那は師匠《ししょう》！！！

年末に子どもたちに打診してみました。
大学1年生の長男と、中学1年生の次男はホクホク嬉しそうな顔。

しかし！
高校2年生の長女が、

「弟（次男）がずっと10万円はずるい（私が中1の時はもらえなかった）」と、反発。

「それなら、〇〇（長男の名前）だけ10万円にする？（長男の年齢で10万円）」と言ったら、はっと気づいて今、全員もらえるほうを選択。

今、たくさんもらえるほうがお得じゃない？

素直が一番♡

お年玉を渡すと決まったら、私の気持ちがグラグラザワザワ（笑）。

こんなにたくさんあげちゃったら、お金のありがたみがわからなくなっちゃうんじゃないか？

自分で働かなくなっちゃうんじゃないか？

要は、私は、

苦労しないとお金は入ってこないって思ってるほうが、幸せな（安定した）人生になるって、思っていたらしい。

他には、罪悪感と劣等感。

たかだか10万円ぽっちすぐ使えちゃう。

子どもたちに、将来のために毎年贈与税のかからない範囲で貯金してあげてる人たちに比べたら、大した金額じゃないよなー。

とか。

やってみないとわからない。

思い込みって矛盾だらけ。

その思い込みの絶妙なバランスで、今の現実が出来ている。

さてさて10万円。

それに追加して、毎年お年玉の半額を貯金させていたものも、子どもたちに渡してみた。

春から大学生になり、独《ひと》り暮らしをしている長男は、ノートパソコンを購入。

「本当に欲しいものは必ず手に入る」という、セルフイメージを強化したらしい。

絵を描くのが好きな高2の長女は、全部で300色くらいあるカラーペンのセットの一部を大人買い。

次男中1は、そのまま。

さすがに、「使いきれない」。

私が期待したほどには、子どもたちに目に見えた変化はなかったんだけど、逆に、急に金遣いが荒くなるわけでも散財することもなく、欲しかったけど手が出なかったものをサッと買って、他はそのまま。
あぶく銭《ぜに》にはならなかった。

これって、理想的なお金の扱い方なんじゃないだろうか？

それより、私のほうが、「楽してお金をもらって幸せに暮らしてもいい」って、ブツブツつぶやこうと思う(´▽`*)。

〈後日談〉

その後、次男がお年玉で大人買いしたのは、本４冊でした。
中１にしちゃあ、マニアックな本ばかり。

将来が楽しみだ（笑）。

彼が買った本の特徴は、毎月のお小遣いの金額より高い本ってことです。
10万円がね、私の予想を裏切り、遥か彼方《かなた》斜め上を行き、おもしろいことになっていく。

もうね、ぜひみなさんもやってみて。
やりもしないで、結果を決めるのはもったいない！
世界は、自分が想像する以上におもしろいことで溢《あふ》れているよ。

子どもをナメたらいかんぜよ。

「いや、うちの子は、絶対全部ゲームに使う」という人もいるかもしれません。
それでもいいんじゃないかなー、と思います。

僕自身は、ゲームをしない人なんです。
だから、どちらかといえば、そう使われるといやな人でした。

でも、それは僕の価値観。
これを言い出すと、「私の気にいる使い方をしなさい」になってしまう。

そんなのもう、意味わかりません。

子どもが、
自分で決めて、
自分で納得して、
自分で失敗して、
初めて学んでいくのです。

自分の価値観、
自分の「好き」を育てていくのです。
もうひとつ、体験談をご紹介します。

【体験談】ママ友カウンセラー　熊沢さなさん

いつもブログ・本でたくさんの気づきを頂いています！
ありがとうございます。
去年の11月、娘の10歳の誕生日に1万円を渡しました。

この1万円を、

・1日で使いきる
・ときめくことにだけ使う
・何を買おうが、何に使おうが、ママは一切口出ししない

というミッションです。

まず、娘が最初にお金を使ったのが、
・スタバでお茶（笑）。
スタバで買ったキャラメルマキアートを飲みながら新宿を散策。
最近の小学生って（笑）。

そして次に買ったのが、
・4色ボールペン。
こっ、これでいいの？　って思わず言いたくなりましたが、ぐっとがまん

しました(^^;)。

その他に買った物は、

・携帯用のスピーカー。

娘はダンスをしているので、練習をするときにも使えるからと購入。

・温度で色が変わる葉っぱの形をした雑貨。

まだ半分お金が残っているところで、ちょっとお腹がすいたのでお蕎麦屋《そばや》さんに行きました。

ここは食事だから、私がお金を出す場所としました。

食べ終わる頃に娘が、

「今まで食べたお蕎麦の中で一番美味しいーー！」

と、とても感動して、

「ママ！　ここは私が払うから！　だって、めちゃめちゃときめいたもん！」

そしてお会計もきっちりしてくれました（笑）。

ありがとう！　ご馳走《ちそう》さまー‼

こうやって、娘の1万円ミッションは終わりました。

なんだか、とても充実した幸せな時間でした。

第4章のまとめ

- お金は空気と同じ。「ある」ことに気づくことが大事。空気は、「吸いすぎたらなくなる」などという心配もないし、みんなに行きわたる分が十分にある。
- 「なんか知らんけど」親からお小遣いをもらった、「なんか知らんけど」玉の輿に乗れた、「なんか知らんけど」特別ボーナスが出た……。
  「なんか知らんけど」のパワーを信じる人には、想像を超えたところから、豊かさがやってくる。
- 豊かさを受け取ったら、自分のところにため込まず、「出す、使う」ことが大切。
- お金を「先に出す、使う」と、なぜか入ってくる。
- 節約ばかりしていると、自分にお金が回ってこなくなる。
- お金を使うことはいいこと。なぜなら、自分が使ったお金が、他の人の給料や生活費や子どもの学費や楽しみのためのお金として役立っていくから。

第5章

お金が入るようになる習慣

「お金基準」ではなく、好きか嫌いかで選ぶ

この章では、具体的にお金が入る人になる習慣について考えていきます。「あり方」を変えるのは心のお稽古です。

お稽古ですから、ぜひ習慣にして身につけてください。ここではいろいろな「あり方」を変えるためのお稽古の「やり方」を紹介します。

自分ができることから始めてください。

最初に紹介するのは、**金額ではなく、好き嫌いで選ぶ習慣を身につけることです。**

お金が足りないといつも言っている人は、「お金基準」で生きています。好きか嫌いかではなく、安いか高いか、元が取れるか取れないかで選んでしまう。

僕もずっとそうでした。「安い」ものが大好きでした。

その結果、安物買いの銭失い、をいつもやっていました。

そんなことをしているから、「なんでお金が減るのかわからない」「いつもお金がない」という「ない」の世界にどっぷり浸《つ》かっていたのです。

「お金基準」で生きると、恐怖と不安から自由になれません。いつもお金の計算をして生きていかなければいけないからです。

お金に執着し、なくなる不安と恐怖におびえ続けています。

そんな不安や恐怖から自由になるには、「お金基準」ではなく、楽しいか楽しくないか、自分が「好きか嫌いか基準」で選ぶ勇気を持てばいいのです。

たとえば値札を見ずに、「好きか嫌いか基準」で選んでみる。

「お金基準」で生きてきた人には、勇気がいりますね。

でもやってみてください。

やってみるだけで、少し世界が変わりますから。

なぜなら、自分が「本当に」ほしかったものに気づくきっかけになるからです。

私たちはお金がほしいと言いますが、本当はお金という金属や紙がほしかったわけではありません。

お金がたくさんあるときの「好きなものを選べる自由」がほしいのです。

お金がなくても、選べる自由を行使《こうし》すれば、お金に対する執着や恐怖はなくなります。

すると、面白いことにたくさんの楽しいことや豊かさが流れ込んできます。

値札を見ずに
ほしいものを選んでみる

お金は「ある」ことにして行動する

「値札を見ずに選んでください」と僕が言ったら、「そんなの、お金を持っている人の理屈です」「そもそも、それを選ぶためのお金もないんです」と悲痛な声が聞こえてきました。

でも、違うんです。逆なんです。

泳げるようになったら、海に行きますと言っているようなもの。

やせたら水着を着ます、と言っているようなものです。

全部、逆なんです。

お金がないからできない、のではなくて、「ある」と思ってやってみる。「ある」前提の行動をとってみる。

「お金基準」で選んでいたものを、好き嫌いで選んでみる。

やせたら着るのではなく、まずはピチピチでも水着を着てみるのです。

「ない」前提でいると、ない現実ばかり見てしまいます。

でも「ある」という前提で行動してみると、不思議なことに、「ある」ことに気づきます。

「お金、全然ないです。好きなものを買ってしまうと、今月の携帯代も払えません」と言った人がいますが、携帯代は「ある」わけです。

ちゃんとご飯を食べるお金はあるし、電車に乗ったり、携帯料金を払ったり、友達と会ったり、雑誌を買うお金はあるわけです。

優先順位を「必要なもの」から「好きなもの」に変えるのです。「好きなもの」とは「テンションの上がるもの」です。

あなたが信じようと信じまいと、「ある」ものはある。

だから、お金は「ある」ものとして行動する。

そのようにお金を使うようになって初めて「ある」が体験できるのです。

お金が回るようになる。

「お金基準」ではなく、好き嫌いで選ぶ習慣が、豊かさとお金をつれてきます。

「お金持ちごっこ」をする

先日、面白い本を見つけました。『スリム美人の生活習慣を真似したら1年間で30キロ痩せました』（メディアファクトリー）という本です。

著者のわたなべぽんさんという人は、スリム美人の書くブログと太った女性の書くブログを徹底的に調べて、その違いに気づいたといいます。

たとえば、スリム美人とおデブの女性は食べているものが全然違うといいます。

スリム美人はお昼はサラダだけとか、「今日は食べなかった」というセリフを平気で言います。

そして毎朝ウォーキングをしていたり、体にぴったりした服を着たりします。

一方、おデブの女性はダイエットしてちょっとやせるとごほうびになぜか食べ物を選び、焼肉食べ放題に行ってしめにビビンバを食べたり、映画を観《み》に行ってポップコーンを上映が始まる前に食べ尽くしたり、コンビニの店内配置にやたら詳しかったり、体型が隠れるチュニックみたいな服を買っているそうです。

太っている人のブログは、「なるほど太るな〜」という内容になっています。

スリム美人は焼肉食べ放題に行って、しめにビビンバは食べないでしょう。

映画館でポップコーンも食べません。うちの奥さんもやせていますが、ポップコーンは食べません。

著者のわたなべぽんさんという女性は、スリム美人ならやりそうなことを徹底的に真似して、1年間で30キロやせることに成功したそうです。

そう考えると、お金持ちとお金持ちではない人のブログもきっと違うはずです。

お金持ちならどうするか、どういう基準でお金を使うのかを考えていけば、必然的にお金持ちに近づくはずです。

心理学ではこれをモデリングといいます。

たとえば、お金持ちなら毎日コンビニに行くのか？

毎晩、スナック菓子を食べるのか？

１００均で食器やキッチン用品をそろえるのか？

たんすの引き出しは開けっぱなしにするのか？

ちなみにおデブの人はとにかく安いものを買うそうです。それは高いものは自分に似合わないと思っているからです。

どうせ自分なんか、「こんなものでいい」と思っている。自分に対する価値が低いから、知らないうちに自分を粗末にしているのです。
だから「こんなものでいい」現実しかこないのです。

お金持ちなら、どうするのか？
お金持ちなら、どんなふるまいをするのか？
お金持ちなら、雨の日にどんな傘《かさ》をさすのか？
お金持ちなら、どんな乗り物に乗るのか？
お金持ちならものを大事にするのか、粗末にするのか？
それを想像してみて、真似てみる。

そうして、考え方の価値観をお金持ち基準にしていくのが、お金持ちに近づく近道です。

僕はこれを「お金持ちごっこ」と呼んでいます。日頃からお金持ちだったらどうするのか、「お金持ちごっこ」をしていれば、お金持ちの考え方（つまり「あり方」）が身についてくるでしょう。

ただし、ひとつ注意点があります。

お金持ちと成り金《なきん》は違います。

成り金は高いか安いかという「お金基準」でものを選びます。ほしくもないのに「高いもの」「高いとわかるもの」ばかりを選んでみたり。

でも本当のお金持ちは好きか嫌いか、便利か便利でないか、「自分の基準」で選びます。

あくまでも、モデリングするのは「自分の基準」で選ぶお金持ちのほうだということをお忘れなく。

え？　違い？

僕の主観ですが、「セレブはやせています」。やせているお金持ちの真似をしてみてくださいね。セレブは「ある」「いつでも手に入る」と思っているから、いろんなものを無駄にため込まないのです。

お金持ちの基準で
お金を使ってみる

顧客のニーズに応えないで、自分のニーズに応える

僕は長い間、顧客のニーズに応えて生きてきました。

顧客のニーズ、顧客が求めるものを追求していけば、必ず結果が出るという商売と人生の鉄則が世の中には王道としてあって、当然、僕もそれをめざして生きてきたのです。

それはそれで、結果は出ますが、限界がくるのです。

でも、ここ数年はそれを全部やめてみました。

顧客が求めるものよりも、自分がやりたいこと、自分が伝えたいことを一方的に伝え、自分の都合を最優先して、自分がやりたいことだけをやってみたのです。

心屋塾のカリキュラムを減らし、休みたいときに休んで、遊びたいところに遊

びに行き、自分の歌を書き、ステージで歌ったり⁉

それなのに、顧客のニーズに応えようとしてきたときより、ずっと多くの人から感謝の言葉をいただけるようになりました。

そして、そんな僕でもいいと言ってくれる人たちが、たくさん集まってくれるようになりました。

顧客の要望や期待に応えるのではなく、自分の要望に応える。
それは、自分の「存在給」を上げるということです。

人のためにがんばらなくても、
人の役に立とうとしなくても、
わがままで、自分勝手で、勘違い野郎で、
お調子者の自分でもいいのだと、自分で認めること。
それが「存在給」を上げることです。

言い方を変えると、自分が心から楽しいことをすることで、自分のテンション、波動が上がり、それが周囲の人に及ぶのかもしれません。

自分には価値がない。顧客のニーズに応えないと認めてもらえない。がんばらないと愛してもらえないという「媚《こ》びの大前提」を取り払ってみることです。

顧客のニーズに応えないようにすればするほど、自分の「存在給」があったことに気づきます。

顧客のニーズに応えているうちは、「存在給」があることに気づきません。**思い切って人のニーズに応えるのをやめてみる。**期待に応えるクセをやめて、自分のニーズに応える習慣をつけるのです。

そうすれば、自分の「存在給」に気がつくので、豊かさがやってきます。

期待に応えるクセは、親の機嫌をとって喜ばせて、愛情を手にする行為の名残《なごり》ですから。そんなことをしなくても、ちゃんと愛されているのです。

期待に応えるのをやめると自分の「存在給」に気づける

クタクタになるまで働かない

一生懸命働けば、お金がたまるというのは勘違いです。一生懸命働いても、お金持ちになれるわけではありません。

その証拠に、お金がない人ほどよく働き、お金持ちほどよく遊んでいます。

お金持ちはクタクタになるまで働いたからお金持ちになったのではなく、クタクタになって働くのをやめたから、お金持ちになったのです。

考え方、「あり方」が逆なのです。

僕たちは今までお金とは、人からもらえるもの＝労働の対価＝役に立った対価、と思ってきました。

小さい頃からそう教えられてきましたし、社会人になってもそう畳《たた》みかけられたし、がんばったり、役に立つとほめられたり、たくさんお小遣いがもらえたりしました。

そうやって、お金＝がんばった対価、つまり役に立った対価だと思い込んでしまったのです。

だから、クタクタにならないとお金はもらえないと思い込んでいました。

でも、それはとんでもない「わな」だったのです。資本家の洗脳にまんまとはまっていたわけです。

みなさ～ん、だまされていますよ～。

お金持ちは働かない。貧乏人はクタクタになるまで働いています（ムッとしますね。「ビンボーでも幸せだ‼」って言いたくなりますよね。でも、ほんとはもっとお金、ほしいですよね。だから続けて読んでみてくださいね）。

何が違うのか。「あり方」が違うのです。

だから「あり方」を変えればいい。

自分が役に立とうが、何をしようが、自分という存在は豊かさを受け取る価値があると気がつくこと。

それは「クタクタになるまで働かない」ということです。

まずはお金持ちの真似をして、働かないということをやってみるしかありません。今までの概念と逆のことをしてみるのです。

怖いですよね。あり得ないですよね。逆ですものね。でも、そうしないと、逆転しません。

そうすることで、自分の周りの世の中が逆に回り始めます。

働いた以上の豊かさ、労働とは関係ないところからの収入、などという今まで考えたこともなかったところからの収入が飛び込んでくるようになるのです。

クタクタだから豊かになれない。クタクタだから余裕がない。クタクタだから幸せになれない。

それが今までの現実でした。

でもこれからはクタクタになるまで働かないで、誰に迷惑をかけようとも、ちゃんと自分の時間を優先する。他人よりも自分を優先するのです。これが他人基準の他人軸から、自分優先の自分軸に変えるということなのです。

それがあなたの世界を「真逆」にひっくり返すのです。

そして、家族や友人や大事な人とともに楽しめるものに時間とお金を使う。

その勇気が、ちゃんと豊かさをつれてきてくれるのです。

今までと逆のことをしないと
人生は逆転できない。
自分優先の自分軸に変えよう

楽しむために、がんばってお金をためない

好きなことがしたくて、楽しいことがしたくて、今の状況から抜け出したくて、がんばってお金を稼ごうとする人がいます。

でも、がんばって、ちゃんとして、まじめに、ひとりでやってきたら、つらくなって、いやになって、うまくいかなくなって、結果として本当に求めているものから遠ざかってしまった。それで、この状況を変えたくなったのですから、この状況を変えるために、またがんばってしまってはいけません。

僕たちは、

がんばって手にしたお金や、がんばって苦労して学んだことのほうが、

素晴らしい、

価値がある、学びが深い、と思う傾向があります。でもそんなことを言ったら、もともと持っている才能はどうなるんでしょう？

そもそもできること、苦もなくできること、そもそも楽しいことは、みんなダメだということになってしまいます。価値を感じられなくなってしまっている。

苦労して、がんばって、悩んで、苦しんだ「からこそ」という考えから早く抜け出してほしいのです。

好きなこと、楽しいこと、やりたいことは、楽に、楽しんで、自由に手に入れていいんです。

もちろん、苦労には苦労の学びがあって、努力には努力の価値がありますが、でもあなたはそれをもう十分経験したんじゃありませんか？

楽しいことに使うお金はがんばらないで手に入れるんです。

どうやって？

親に頼んで、お金をもらったり、家族に頼んで、お金をもらったり、貯金をおろしてきたり、もらったボーナスを全部使ったり⁉

好きなことをするのですから、「苦労」や「努力」の臭いのしないお金を使うのです。

親は出してくれない、家族は出してくれない、貯金をおろしたら怒られる、ボーナスを貯金しないと小言《こごと》を言われる。

それが怖いからと、**「がんばることに逃げて」**しまうのです。

そうやって自分を犠牲《ぎせい》にしてばかりいたんじゃありませんか？

そのほうが「安全」だったんじゃありませんか？

でもそうやってがんばってお金をためても、なかなか変わりません。

思い切って頼んでみましょう。

一番頼めないと思っている人に。一番頼みたくない人に。

案外出してくれるかもしれません。

出してもらえなかったら、自分の貯金を使っちゃいましょう。もったいないとか思わないように。貯金のない人は、借りてみるのです。

がんばらないで、「あるお金」で豊かさを回していくことが大事なのです。

「お金を使うな！」と言う人から、早く見捨てられよう

お金にふり回される世界にいる人は、お金を使おうとすると、必ず邪魔が入ることになっています。

これはもう例外なく、と言ってもいいでしょう。

一番大きな邪魔は「自分」です。

お金が「ない」という不安や恐怖が、「お金は使ったらいかん」「ためておかな

きゃ大変なことになってしまう」「もしものときにお金がなかったら、どうするんだ」とあなたを脅《おど》してきます。

お金を回さないと、お金は入ってこないのに、せっせとため池をつくって、お金をため込もうとする。

そんなことをしたら、ますますお金は減っていくばかりです。

お金を使ってはいけない、という自分の「大前提」とまず戦ってください。

二番目に大きな邪魔は「他人」です。

あなたがようやくお金に対する「あり方」に目覚めて、お金を豊かに回そうとし始めると、とたんに横やりが入ります。

「心屋にだまされてるんじゃないの」

「お金を使えというのは、お金持ちが言うセリフでしょ」

「いざというときのために、お金は無駄づかいしちゃいけないよ」

でもよく考えてください。

そういうことを言う人は、あなたと同じ〝金の亡者《もうじゃ》〟、「お金がない世界」にいる住人です。

お金に執着する金の亡者、いつも「お金」「お金」と言っている貧乏な人、そんな人と一緒にいると、いつまでもお金にふり回される世界から抜け出せません。

そういう人からは早く見捨てられてください。

「わけのわからないことにお金を使うなんて信じられない」

「そんな使い方をすると罰《ばち》が当たるわよ」

「無駄づかいする人なんかと友達になれない」

「あなたの金銭感覚は間違ってる」

誰かにそう言われたら、「だって使いたいんだもん」と言いましょう。

そして、あなたの背中を押してくれる〝豊かな世界〟の住人とつきあうのです。それはこんなふうに言ってくれる人です。

「やりたいことに使うんならいいんじゃないの」

「意味のないことに使うっておもしろいよね」

「あなたが使いたいなら、それでいいんじゃない」

そうすれば、お金にふり回される世界から卒業できます。

お金は回さないと腐ります。一番お金を無駄にしている人というのは、実はお金を使わない人、人がお金を使おうとすると邪魔をする人です。

お金が入ってからではなく、先に「やる」と決める

とてもやりたいことがある。習いたいことがある。行ってみたいところがある。ほしいものがある。買いたいものがある。

でも、お金がないから無理。

時間がないから無理。

家族が許してくれないから無理。

子どもを見てくれる人がいないから無理。

体が弱いから無理。

場所が遠いから無理。

会社を休めないから無理。


「ない」からできないのオンパレード。そういう人は、目の前に助けてくれる人が現れても、病気が治っても、宝くじに当たっても、別の理由を見つけて、やりたいことをやろうとしません。

「ない」からやらないのではなく、「やらない」から「ないことにしている」のです。

「ない」から無理なのではなく、「無理」だと決めているから「ない」ようにしているのです。

逆ですよ～。

何度でも言います、逆なんです。

お金が入ったから、やるのではなく、やると「決めた」ら、「なんか知らんところから」お金が入ります。

先に決めてください。

「やれたらいいなぁ～」と願うのではなく、先に「決める」。お金がなくても、やると「決める」のです。

心屋塾を卒業したある女性は、お金がなくて、子どものことが心配で、体が弱くて、家を出られませんでした。

それでも「やる」と決めて、京都までやってきて、心屋塾を受講し、今はカウンセラーとして活躍しています。

「どうせ、私になんて無理」と勝手にあきらめないでください。

できない理由は、お金でも、家族でも、時間でも、会社でも、場所でもありません。「どうせ無理だもん」とすねている、自分の心の「あり方」「常識」が問題です。

すねていると、やりたいことをするパワーが流れなくなります。やりたいことを「やりたい」と言えなくなります。

そのうち、やりたいことが何だったかもわからなくなる。

「やりたいことなんてありません」と言うようになります。

だからやりたいことがあるなら、先に「やる」と決める。

そして決めたら、あきらめない。

あきらめなければ、道は必ず開けます。

できないのは
周りのせいではなく、
「どうせ無理」とすねている
自分の心の「あり方」

神社ミッションをする

神社ミッションとは、心屋塾の塾生の間では常識になっているミッションのことです。

それは神社のお賽銭箱《さいせんばこ》に1万円を入れること。神社はできるだけ人気《ひとけ》のないさびれたところを選びます（立派なところしかないときは、そこでもかまいません）。

金額は1万円が基本です。もちろん、それ以上でもかまいません。今まで自分が生きてきた人生の感謝を表すとしたら、いくらくらいか、その金額を目安とするといいと思います。

神社がいやだという人は、教会やお寺でもいいでしょう。でも、いずれも見返りが期待できないところがいいと思います。

なぜそんなことをするのかというと、何の意味もない、何の見返りもない、無意味に思えること、どう考えても損なことにお金を使うのが目的だからです。

神社にしたのは、日本人なら多少なりとも〝神社的なもの〟のお世話になっているかなと思ったからです。

そしてできるだけさびれたところ、と言ったのは、ご利益《りやく》がなさそうなところを選んでほしかったからです。

1万円も！　お賽銭箱に！　それもさびれた神社に！

あり得ないでしょう！　そんな無意味なこと、無駄なこと、損なことに大事なお金を1万円も使えません。

そう思った人。

あなたは、よく言えば「お金を大事にしている」人です。

でも、悪く言えば、損したくないだけ。お賽銭箱に10円しか入れないくせに、あれもこれもとお願いする人です。

そんな「あり方」をぶち破るのが神社ミッションです。

「1万円なんてありません」「そんな大金、寄付できません」「1万円も寄付したら、生活費がなくなってしまいます」と言う人もいるはずです。

たくさんいるでしょう。

でも、出してください。

「ある」から出すのではなく、「ない」けれども出すのです。そうすることで「ある」が起きてくるのです。

神社ミッションは托鉢と同じと考えよ

なぜ、僕が神社ミッションをすすめるようになったのか、その理由についてお話ししましょう。

僕は2010年に無料のオープン（グループ）カウンセリングを始めました。それは本がたくさん売れたので、社会へ還元《かんげん》したいなと思ったからです。

本当に困っている人は、カウンセリングのお金も払えないのではないかと思ったことも理由のひとつです。

無料にしたら、本当に困っている人がたくさん来ると思っていました。でも、無料にしても来ない人は来ませんでした。

たとえ無料にしても、来ない人は来ない。なにかと「来られない」理由をつけて、来ないのです。

ちょうどその頃、先輩のカウンセラーである澤谷鑛《さわたにこう》さんとお話しさせていただく機会がありました。そのとき言われたのが、お釈迦《しゃか》さまの托鉢《たくはつ》の話です。

托鉢とはお坊さんがお鉢を持っていろいろな家を回り、お経を唱《とな》えて、お布施《ふせ》をいただく行為のことです。

澤谷さんによると、お釈迦さまはお弟子《でし》さんたちに托鉢は裕福な家ではなく、貧しい家を回るように言われたそうです。

なぜかというと、貧しい人たちは自分たちのことを貧しいと思っているので、他人に施《ほどこ》しをしてきませんでした（できなかった）。

逆に、そのせいで貧しさから抜け出せないでいるからです。

托鉢で、貧しい人たちからお布施をいただくことは、貧しさから彼らを救ってあげることでもあるのだ、とお釈迦さまは言うのです。

貧しい人がなぜ貧しいままなのかというと、自分のことを貧しく、不幸だと思っているので、なかなか自分以外のためにお金を使えないからです。

実は、だからこそ貧しいのですから、その人たちにお布施を出す（＝人のためにお金を出す）という行為の大切さを教えて、それによって貧しさから救ってあげるのが、托鉢の本当の意味だったのです。

つまりは「先に出す」という行為によって、豊かさが回ってくるということを意味しているのかもしれません。

この話は僕にとって衝撃でした。

オープンカウンセリングを無料にするのは、その人の「先に出す」というチャンスをつぶし、豊かになる権利を奪い取っていることにほかなりません。

僕は無料だったオープンカウンセリングを、「お気持ち金制」（金額は問わず、いくらでもいいので出せるお金をいただく制度）にしました。

貧しくても、お金に困っていても、あえてお金を出してもらう。

その人が豊かさの循環に乗れるように、お、か、ね、を出させてあげる、というぐらいの勢いで、オープンカウンセリングを、「お気持ち金制」にしたのです。

自分には「ない」という考え方に陥《おちい》っている人が、先に出す（＝なくても出す）という行動を始めることで、その被害者意識から「それでも、ある」という意識にシフトチェンジすることができます。

お金がないからできない、お金がないから行けない、ではなく、
やらないから、
出さないから、
勝手にあきらめているからできない、
そこにある豊かさを受け取れない。豊かさに手を出そうとしないのです。
そんな貧しい「被害者ループ」からの脱出のチャンスとして、托鉢をする。つまり神社ミッションをする、と考えてもらえたらいいなと思います。

そして、お金は「ある」から出すのではなく、「なくても」出すと決意すると、自分の予想をはるかに超えたところから、お金や豊かさが思いもつかない方法で入ってくるということを、早く経験してほしいと思います。

何度も言いますが、僕の周りには、そんな驚くべき体験をした人がたくさんいます。もう、数えきれないくらいに。

たとえば、ひとつ例をあげると、ある女性がなけなしの1万円を神社のお賽銭

箱に入れました。

すると、3日後、その人はブティックで働いているのですが、バッグを買いに来たお客さんから30万円の当たり馬券をもらったそうです。こんなこと、想像外ですよね。

神社ミッションの効果については、僕もいろいろ話を聞いていますが、この人の話にはちょっとびっくりしました。

でも、そういうことも現実に起きるのです。

自分だけの貧しい常識、既存の価値観から早く抜け出すこと。

だまされたと思って、やってほしいと思います。

「ある」から出すのではなく、「ない」けど出すことで「ある」が起きるのです。

「ないけれど出す」ことで、豊かさの循環に乗る

お金がないときほど、神社ミッションをする

神社ミッションは托鉢ですから、お金がないときほど、ミッションをやったほうがいいのです。

お金がないからこそ、先に与えて、豊かさの循環を呼び込むわけです。

でも僕たちは携帯代や電気代やお菓子代や酒代にはお金を使えても、神社ミッションのように、わけがわからないものにはお金を出すのが怖いと思います。

とくに、お金がないときはなおさらです。

つまり「実利」にはお金を出せても、目に見えないものには出せないわけです。

でも、考えてみましょう。

車でも、洋服でも、本でも、エステでも、手に入れたいものがあるときは、「先に出す」のが鉄則です。

出さないけど、ほしい。
ほしいけど、出したくない。
というのは大きな矛盾です。

人から優しくしてほしいけれど、
人には優しくしたくない。
人からお金をもらいたいけれど、
人にはお金を出したくない。
人から認めてもらいたいけれど、
人は認めたくない。
先に出したくないけれど、先にほしい、という大きな矛盾に早く気づいてください。お金がない人ほど、先に与える。先に出しましょう。

でも、自分を犠牲にして、ということではありませんよ。本当は「ある」のですから、それに気づきましょう、というだけです（神社ミッションは、自分さえガマンすればまるくおさまるという犠牲的な精神の人は、反対に、やらないほうがいいのかもしれませんが、やるだけやってみてください）。

神社ミッションはその「ある」に気づくきっかけになります。

そう、「ある」んです。

「ある」けど、出したくないだけなのです。

出すとなくなる、と思っているだけです。

本当は出すと入ってくるのにね。

手に入れたいものがあるときは、
「先に出す」のが鉄則

「母親は幸せだった」と言ってみる

「母親は幸せだった」と言ってみる。

それがお金が入ることとどう関係するのか、「？」と思った人もたくさんいるでしょう。おおいに関係があるのです。

お金に対するネガティブな思いや価値観は、育った環境や教えられたこと、見たり聞いたりした経験によって形づくられています。

その大部分に関与しているのが親です。あなたのお金に対する「あり方」のほとんどが親によってつくられたと言っていいでしょう。

お金は汗水たらして稼ぐものだとか、がんばった分だけ豊かになれるとか、楽をしてお金をもうけるのは悪いことだとか、お金に対する親の価値観があなたの法律、「大前提」として、体にしみ込んでいます。

そして大人になった今も、いまだにそれを引きずったまま生きているわけです。まずは親から教えられたお金に対するネガティブな価値観や法律を変えなければいけません。

親のつくった法律から自由になる機会は、誰にでも一度はあります。反抗期です。

反抗期をちゃんとやれた人は、親の価値観を否定できるので、親に従わなくても罪悪感を抱かずに、自由に生きることができます。

でも、反抗期をきちんとやれなかった人は、親の言いつけを守ったまま、大人になっても「人目」を気にして生き続けます。

「人目」が気になるのは、人の目ではなく、「親の目」を気にしているからです。親の言いつけを守らない自分を罰しているので、罪悪感を抱えたまま生きることになります。

僕の友人にもちゃんと反抗期をやっていない人がいます。彼は、親に対して罪悪感をずっと持ち続けてきました。

そういう人に共通するのは、母親のことをかわいそうだと思っていることです。

彼も母親のことをかわいそうだと思っていたので、母親がため息をつくのがすごくいやだったそうです。

お盆に帰省すると、お墓がきちんと掃除してあって、母親がため息をつきながら「私ひとりで掃除したの」と言うのだそうです。

それを聞くと、彼は罪悪感でたまらなくなって、仕事がものすごく忙しかったのに、盆と正月とお彼岸《ひがん》には必ず家に帰るようにしていました。

でもそんな気持ちで帰省しても、義務感でいっぱいですから、少しも楽しくありません。楽しくないので、つまらないことで母親とけんかになって、ますます罪悪感でいっぱいになるということのくり返しでした。

反抗期をきちんとやっていなくて、親の目が気になる人は、親のつくったルール下に置かれているので、いつも「自分は悪い子だ」「認められていない子だ」という罪の意識を持ち、お金に対しても罪悪感を持ってしまいます。

そして、お金にネガティブな「あり方」をするので、お金に嫌われてしまう。豊かになれないというわけです。


罪悪感を解消して、親の支配下から自由になるには、2つの方法があります。

ひとつは、「お母さんはかわいそうではなかった」と自分に言ってみることです。罪悪感は「親に嫌われたくない。でも親の期待に応えられない」「親に苦労をかけている自分」という思いからやってきます。これは、思い込みなのです。

だから、自分は何もしなくても価値がある、自分には親を幸せにする義務はない、自分には罪はない、親が不幸なのと自分の存在は関係ない。そして、母親は幸せだったことを自分で認めて、「存在給」をアップさせて、豊かさが回ってくるというわけです。

罪悪感を解消して、親の支配から自由になる

母親に「くそばばあ」と3回言ってみる

罪悪感を解消して、「親の目」から自由になるもうひとつの方法は、反抗期をやり直すことです。

親に、はむかう。

親に、冷たくする。

親に、恩返しをしようと思わない。

子どもが自立するときの一番簡単な言葉は「くそばばあ」です。

母親に向かって「くそばばあ」と言えるのは素晴らしいことです。なぜなら、「くそばばあ」と言った時点で、親自身と親の価値観を一旦否定しているからです。

もしあなたが反抗期をちゃんとやれていないと感じていたら、母親に向かって「くそばばあ」と言ってみるのがいいでしょう。

1回だけではインパクトが弱いので、3回くらいくり返して言ってください。

といっても、いきなりそれを言うと、「何を言っているの⁉」と驚かれてしまいますから、ひとりのときに、口に出してみましょう。

世間や人の目が気になって、やりたいことができなかったり、自分が認められていないと感じるのは、「親の目」を気にして生きている証拠です。

そんなものは必要ない。「いい子」でいる必要はありません。あなたはもう大人なのですから、あなたが自分で「必要ない」と決めればいいのです。

そして今日、今から、「くそばばあ」です。

そっと、親に聞こえないように、自分だけで言ってみましょう。

「親の目」から
自由になるために
反抗期をやり直す

どんどん損をする

お金がない人は、損をしないように、しないようにとお金をため込もうとして、結局、お金の循環を止めてしまいます。そして、ますますお金がなくなってしまう。

損をしない＝お金の流れを止めること、

損をする＝お金を回すこと、

だと僕は思います。損をすることは「お金が入る人」になる最強の近道です。

僕は会社をやめて、カウンセラーになったとき、サラリーマンから個人事業者になりました。

サラリーマンと違って、個人事業者は自分で税金の申告をしなければなりません。

僕は少しでも税金を少なくしたかったので（＝損をしたくなかったので）、涙ぐましい努力をしました。

収入があるラインを超えると、税率がガンと上がってしまうので、そのラインを超えないよう一生懸命売上をおさえたり、決算期に思い切りいらないものを買ってみたり、つまらないことをいっぱいやってきたのです。

今思うと、あれほど無駄な努力はなかったと思います。

僕が尊敬する斎藤一人《さいとうひとり》さんは、喜んで税金を払っているという話を聞きました。それこそ死ぬほど税金を払うことを楽しんでいる。

それを聞いて、僕もある時期から無駄な努力をいっさいやめて、死ぬほど税金を払ってやろうと決意しました。

自分が払った税金がどう使われようと、知ったことじゃない。

払ったお金の行く末までいちいち考えるのは無意味です。なぜなら、たとえかわいそうな子どもにお金を寄付したとしても、本当にその子たちのために使われるかどうかはわからないし、いやな使い方をもしされたとしても、仕方のないことです。逆に、損だと思った使われ方が、ものすごく人助けになっていることもあるはずですから。

とにかく払ったお金がどう使われるのか、そもそもわからないのだから、自分が出すお金についていっさい惜しむのをやめて、どんどん出そうと思ったわけです。

僕が頼んでいる税理士さんは、節税の方法をいろいろアドバイスしてくれます。でも僕は、「もういいよ。どんどん払うから節税はやらなくていい」と宣言しました。

税理士さんは不要な税金を払わずにすむよういろいろと考えてくれていたので、「本当にいいんですか」と、とまどい気味でした。

後日、税理士さんが言った通り、僕にとっては目がくらむような税金の請求がきましたが、それでも気持ちよく払うことができました。

すると、どうなったか。

売上がどんどん上がっていったのです。しかも、仕事を減らしているにもかかわらず、です。

まさに損をすることは最強のお金もうけだと、僕は思いました。

損をする話には続きがあります。

僕のところには、心屋塾を受講して僕が認定した認定講師がいます。彼らは僕の名前を使って開業し、営業活動をしています。

僕の名前を使っているのですから、ふつうはなにがしかのお金をとってもいいケースです。

僕も一瞬考えました。でもどうせお金をもらっても税金で出ていくのですから、かえって面倒くさいだけ。

「もう何もいらないから、あとはあなたたち、自由に心屋の名前を使っていっぱいもうけてね」ということにしました。

つまり心屋の看板や知名度や実績や信用を、ただであげてしまったわけです。

でも、そうやって自分が築いた〝手柄〟を手放せば手放すほど、認定講師の人たちが自由に活躍してくれて、心屋の知名度を上げてくれました。

僕が何もしないでいても、彼らのおかげで、僕の本が売れたり、会員が増えたりして、ますます売上が上がったのです。

僕は認定講師の人たちから直接お金をもらわなくても、遠回しにお金をもらっているようなものです。

だから、損をするって最強です。

人に〝手柄〟をあげればあげるほど、自分に〝何か〟が戻ってきます。豊かさが2倍にも3倍にもなって、戻ってくるのです。神社ミッションも、「目に見えるかたち」で返ってこなかったとしても、「目に見えないもの」に、きっと守られ、返ってきているのです。

もちろん「損をする」という考え方はふつうの常識ではあり得ませんから、僕の言うことを信じなくてもかまいませんし、信じにくいと思います。

信じなくてもいいのですが、信じたほうがやっぱり幸せになることは確かですよ。

「損をするな」という世の中のふつうの考え方をして苦しい生活になっているのなら、「逆」を信じてみると幸せになる、と僕は思います。

損をすることは、「お金が入る人」になる最強の近道

自分を「すごい」と言うことを恥ずかしがらない

「存在給」を上げれば、豊かさがやってきます。自分は「すごい」と認めれば、「存在給」が上がるので、お金が入る人になれます。

でも、自分で自分を「すごい」と言うのは勇気がいります。

何より恥ずかしさが先に立ちます。

とくに日本人は恥ずかしがり屋が多いので、抵抗感が大きい。失敗するのも恥ずかしいし、人に迷惑をかけたり、人と比べるのも恥ずかしい。脚光を浴びるのも照れるし、人に優しくするのですら、恥ずかしいのです。

だって、電車でお年寄りに席を譲《ゆず》るのは恥ずかしいでしょう？　本当はとてもいいことなのに、そんなことですらやっぱり恥ずかしいのが僕たちです。

でもよく考えれば、恥ずかしいことはひとつもありません。

失敗しても、迷惑をかけても、人よりできなくても、すごくできても、そんなことは当たり前。よくあることですから、誰もわざわざ笑ったり、バカにしたりしません。

ただ、恥ずかしいと思っている自分がいるだけです。

僕も自分で自分のことを「すごい」と言うのは最初はとても恥ずかしかった。

でも「すごい」と思ったほうが「すごいこと」が起きるのはわかっていたので、「すごいということにしておこう」と思いました。

でもやっぱり恥ずかしくて、自分はすごくないフリをする。でも、他人から「すごくない」「たいしたことない」と言われると、イラッとする。でも、「すごい」と言うのは恥ずかしい。すごいのかすごくないのか、どっちやねん？　みたいな状況が続いていました。

今となっては、どれだけ世間に遠慮していたんだろう、恥ずかしがっていたんだろう、と思います。

そのうち、テレビの話がくるようになって、本の表紙や帯にも僕の顔がのり始めました。

もちろん恥ずかしいとは思いました。でもメディアの人たちがそうしたいのなら、どうぞ僕を使ってください、というふうに流れにまかせることにしました。流れに乗ろうと、自分で漕《こ》ぐのではなく、そのまま流れに身をまかせた。すると流れがどんどん加速していったのです。恥ずかしさで自分を閉じるなんてあまりにももったいない。

僕が自分のことを「恥ずかしい」と思おうと思わなかろうと、そんなこととは関係なく、周りが「すごい」と言ってくれるのですから、僕の心の中で何が起きたのかというと「すみません（謝）。ありがとう（感）」しか出てきませんでした。

つまり、「感謝」があふれ出たのです。

そしてその「ありがとう」が出たとき、僕は恥ずかしさとおさらばして、自分は「すごい」とちゃんと思うことができたのです。

恥ずかしいと思っているうちは、僕もまだすねていじけていたのだと思います。

自分はすごいのにわかってもらえない。

本当は素晴らしいのに理解してもらえない。

なぜわかってもらえないんだ。

という、このいじけ。

だったら自分が自分のことをわかってあげたらいい。自分はすごいんだ、と。

そうすれば、すねやいじけが取れるし、恥ずかしさもなくなります。すると、周りの人とも接しやすくなります。

何かあれば助けやすくなるし、自分も「助けて」と言いやすくなる。助けの輪がぱぁーっと大きく広がります。

「助けて」と言えない人は、助けてもらったらお返しをしなければいけないと思うからです。

そう思うのは、自分が助けてもらう価値はないと思っているから、山ほど返さないといけないと思っているからです。

でも自分のことを「すごい」と認めれば、自分にはみんなに助けてもらえるぐらいの価値があるのだから、助けてもらいっぱなしでも「ありがとう」と言うだけで、助けてくれた人たちを喜ばせることができる、と思えます。

「ありがとう」が出た時点で、自分のすごさを自分で認められた、つまり本当にすごい人であることに気がつけた、というわけです。


だから恥ずかしがることはありません。というか、恥ずかしがろうとそうでなかろうと、「すごい」ということにしておけば、そのように流れは動いていきます。

そして、人から「すごい」と言われたら、素直に受け取りましょう。

ただ「ありがとう」と言えばいい。

そこにすねや恥ずかしさはいりません。

すねや恥ずかしさと無縁な人が「お金が入る人」だったんですね。

自分を「すごい」と認めれば、
助けてもらいっぱなしでも、
「ありがとう」と言うだけでいい

第5章のまとめ

- 「安いか高いか」ではなく、「好きか嫌いか」で選ぶ。安いものばかりを買うのは、自分を粗末に扱っていることになる。
- お金がなくても「お金がある」前提の行動をとってみると、お金が「ある」ことに気づく。
- 「お金持ちならどうするか？」という基準でお金を使ってみる。
- クタクタになるまで働くのをやめる。お金持ちほどよく遊んでいる。
- 「がんばってためてから使う」のではなく、一番頼めないと思っている人にお金を出してくれるよう頼んでみる。
- 「やりたいことをやる」「ほしいものを買う」と先に「決める」から、そのお金がやってくる。

おわりに

●お金は使わなければただの紙切れです

新しく自分の本が出ると、僕は自腹でその本を3500冊購入します。それだけで、初版分の印税はすべて吹っ飛んでしまう計算です。

そして、心屋塾Beトレの会員全員にプレゼントします。

Beトレの会員は、僕の本を一番買ってくれそうな人たちです。その人たちにタダであげてしまうということは、僕の本の売上がそれだけ落ちるということです。

自腹で本を買ってプレゼントして、自分の本の売上を落としている。考えてみれば、こんな損な話はありません。

でも損をするのが、豊かになる一番の近道です。

その通り。僕が本をプレゼントすると、不思議なことに、結果的にどんどん本が売れていきます。新しい読者が増えていくのです。

損をすれば、豊かさが返ってくる。お金も空気も愛情も、出せば回る。これが宇宙の法則です。

お金が入らなかったり、お金にふり回される人は、お金を出していないから。そして、回ってきても受け取っていない。ただそれだけにすぎません。

ちゃんと使って、世の中にめぐらせる。

自分が好きなものに使って、自分を喜ばせる。

反対に、誰かにお金を使わせて、それを受け取ってあげることで喜びを与えることにもなるのです。

お金をケチらない。お金の流れを止めない。ちゃんと出す。なくても出す。そして、「出させてあげる」。それをちゃんと「受け取る」。

「ない」と思い込まないで、「ある」に気づく。

そうすれば、必ずお金が入る人、お金に困らない人になれます。

あなたは、お金という名の豊かさを堂々と受け取っていいのです。

なぜなら、「あなただから」。

そして、堂々とお金を払っていいのです。損していいのです。

なぜなら「減らないから」。

この本を読んだあなたが、お金を出す人、お金を回す人になって、たくさんの豊かさを受け取れるように心から願っています。

心屋仁之助

著者紹介

心屋仁之助（こころや　じんのすけ）

心理カウンセラー。

兵庫県生まれ。大手企業の管理職として働いていたが、家族や自分の問題をきっかけに心理療法を学び始める。それが原点となり、心理カウンセラーとして「自分の性格を変えることで問題を解決する」という「性格リフォーム心理カウンセラー」として活動。現在は京都を拠点として、全国各地でセミナー、講演活動やカウンセリングスクールを運営。その独自の「言ってみる」カウンセリングスタイルは、テレビ番組を通じて全国に知られることとなり、たったの数分で心が楽になり、現実まで変わると評判。現在は個人カウンセリングは行っていないが、スクール卒業生により全国各地で心屋流心理学のセミナーやボランティアでのグループカウンセリングが広く展開されている。発行しているメールマガジン「たった一言！あなたの性格は変えられる！」は４万人を超える読者に支持され、公式ブログ「心が風に、なる」は月間1000万アクセスの人気ブログ。2012年10月より約２年間、テレビのお悩み解決番組において芸能人に「魔法の言葉」を言ってもらうカウンセリングを展開。何人もの芸能人が番組で号泣し、大きな話題となる。

主な著書に、『光と影の法則 文庫版』（光文社知恵の森文庫）、『本当の自分に気づく 奇跡の言葉』（だいわ文庫）、『心屋先生のお母さんが幸せになる子育て』（WAVE 出版）、『もう、がまんしない。』（大和書房）、『人間関係が「しんどい！」と思ったら読む本』（中経の文庫）、『「心が凹《へこ》んだとき」に読む本』（王様文庫）、『すりへらない心をつくるシンプルな習慣』（朝日新書）、『「好きなこと」だけして生きていく。』『50歳から人生を大逆転』（以上、ＰＨＰ研究所）、『がんばっても報われない本当の理由』（ＰＨＰ文庫）など多数。

本書は、2015年４月にＰＨＰ研究所より刊行された作品を、再編集したものです。

PHP文庫　一生お金に困らない生き方

2018年4月16日　第1版第1刷

著　者　心屋仁之助
発行者　後藤淳一
発行所　株式会社PHP研究所
東京本部　〒135-8137　江東区豊洲5-6-52
第二制作部文庫課　☎03-3520-9617(編集)
普及部　☎03-3520-9630(販売)
京都本部　〒601-8411　京都市南区西九条北ノ内町11
PHP INTERFACE　https://www.php.co.jp/
組　版　株式会社PHPエディターズ・グループ
印刷所
製本所　図書印刷株式会社

ISBN978-4-569-76834-2

がんばっても報われない本当の理由

心屋仁之助 著

どんなに努力してもうまくいかない、幸せじゃない人必読!! 大人気の心理カウンセラーが教える、「人生が180度変わるたった一つの秘訣」。

定価 本体六六〇円 (税別)